Marc Schäffner

Einfach EMOTIONAL

Marc Schäffner

Einfach EMOTIONAL

Wie dir deine Ängste den Weg
zu deinem Glück zeigen

Marc Schäffner GmbH
Carl-Benz-Str. 2
69190 Walldorf
www.koenigswege.com

Umschlag, Illustration: Kevin Urban
Lektorat/Korrektorat: Natalie Dechant, www.nataliedechant.de
Satz: misa bookdesign, www.misabookdesign.de
Buchmarketing: Heike Paschke, www.heikepaschke.com

Paperback 978-3-00-080474-8
Hardcover 978-3-00-080475-5
E-Book 978-3-00-080473-1

Bei Personenbezeichnungen und personenbezogenen Hauptwörtern wird in diesem Buch die männliche Form verwendet. Entsprechende Begriffe gelten im Sinne der Gleichbehandlung für alle Geschlechter und stellen ausdrücklich keine Wertung dar. Als Ansprache wurde das wertschätzende »Du« gewählt.

Verbreitung und öffentliche Zugänglichmachung.
Bibliografische Information der Deutschen Nationalbibliothek:
Die Deutsche Nationalbibliothek verzeichnet diese Publikation in der Deutschen Nationalbibliografie; detaillierte bibliografische Daten sind im Internet über http://dnb.d-nb.de abrufbar.

Inhalt

Vorwort

Liebe Leserin, lieber Leser,

Emotionen begegnen uns jeden Tag und beeinflussen unser Verhalten und unsere Entscheidungen. Sie können unterschiedlich intensiv sein und unterschiedlich lange anhalten. Meist lösen Ereignisse oder Verhaltensweisen anderer Menschen bestimmte positive und negative Emotionen bei uns aus. Emotionen wollen uns eine Botschaft mitteilen. Deshalb ist es wichtig, sie zu hören, sie ernst zu nehmen und mit ihnen Kontakt aufzunehmen.

Viele Menschen verlieren sich über Monate oder Jahre in komplexen emotionalen Zusammenhängen und haben enorme Schwierigkeiten, hier herauszukommen und etwas Positives zu erkennen. Manche von ihnen haben ein ganzes Leben lang mit diesen schwierigen Gefühlsverbindungen zu kämpfen. Dieses Buch zeigt, dass sie auf einfache Art und Weise aufgelöst werden können. Gleichzeitig bin ich davon überzeugt, dass Einfachheit und Komplexität nebeneinander funktionieren. Das bedeutet, dass Gefühle gleichzeitig einfach und kompliziert sein können und es auf unseren Standpunkt, bzw. unsere Betrachtungsweise ankommt. Ich vermittle dir mit diesem Buch, dass jede Emotion aus den menschlichen Uremotionen Liebe und Angst entsteht. Außerdem mache ich deutlich, dass Glück durch Entspannung und Einfachheit entsteht und dass jede Emotion etwas Positives in sich trägt, auch wenn wir es zunächst nicht sehen.

Das durfte auch ich selbst durch meine Familiengeschichte erleben, als innerhalb von zwei Monaten drei der vier wichtigsten Menschen in meinem Leben starben.

In diesem Buch erfährst du, wie ich es geschafft habe zu erkennen, dass jede negative Emotion etwas Gutes für mich bereithält und wie auch du das für dich erreichen und dadurch als Persönlichkeit enorm wachsen kannst. Mittlerweile ist das Thema Emotionen wie ein Hobby für mich, das ich sowohl in meinem Privatleben als auch im beruflichen Kontext positiv für andere und mich einsetzen kann.

Dieses Buch erhebt nicht den Anspruch, perfekt zu sein. Ich bin davon überzeugt, dass niemand ein perfektes Buch schreiben kann. Das ist in meiner Welt nicht möglich. Ich habe in diesem Buch gute Gedanken gesammelt, die mir im Laufe der Jahre aufgefallen sind und die mich inspiriert haben. Diese Gedanken erweiterte ich mit eigenen persönlichen Nuancen, so dass nur ein Bruchteil davon neue Gedanken von mir sind. In Dankbarkeit und Demut vor den Menschen, die die wunderschönen Zitate, Ideen und Gedanken zum Thema Emotionen entwickelt haben, gebe ich dieses Wissen nun an dich weiter.

Gib mir daher gerne ehrliches Feedback zu diesem Buch, indem du mit mir Kontakt aufnimmst. Ich bin offen für Kritik und Ergänzungen. Meine Kontaktdaten findest du am Ende des Buches.

Wenn mein Buch ein Stückweit dazu beiträgt, dass Menschen sich immer seltener, am besten gar nicht mehr, in komplizierten emotionalen Verbindungen verlieren und sie dadurch entspannter und leichter durchs Leben gehen und auf eine ganz andere emotionale Ebene mit neuen, richtig coolen Herausforderungen gelangen, habe ich viel erreicht.

Ich selbst zögerte zunächst, dieses Buch überhaupt zu schreiben aus der Angst heraus, als Weichei hingestellt zu werden und nur negative Kritik zu erhalten. Doch schließlich entschied ich mich dafür, es zu schreiben. Ich bin unfassbar dankbar, dass ich mich dieser neuen, sehr coolen Herausforderung gestellt habe, denn das Schreiben hat auch mich verändert. Ich beschäftigte mich erneut ganz bewusst mit meinen Emotionen und gebe nun meine Gedanken und Erkenntnisse nicht nur an meine Vertriebspartner weiter, sondern hinterlasse auch etwas Wertvolles für meine Kinder und für alle, die sich für das Thema Emotionen interessieren.

Wenn mein Buch nur einem Menschen einen Mehrwert bietet, wenn nur ein Mensch durch mein Buch verwickelte Gefühlsmuster vereinfachen oder auflösen kann, wenn nur ein Mensch den Dialog über die Themen des Buches anstößt und wenn nur einer meiner Vertriebspartner mehr anfängt, offen über seine Emotionen zu sprechen, hat es sich gelohnt, dieses Buch zu schreiben und zu veröffentlichen.

Du kannst das Buch auf der ersten Seite beginnen und nacheinander alle weiteren Seiten lesen, bis du auf der letzten angelangt bist. Du hast aber auch die Möglichkeit, wie in einem Nachschlagewerk, nur einzelne Kapitel zu lesen, wenn dich ein bestimmter Begriff besonders interessiert.

Ich wünsche dir nun viel Freude beim Lesen meines Buches.

Du entscheidest, ob Emotionen einfach sind.

Dein Marc Schäffner

Meine Geschichte: Emotionen sind einfach

Bis zum Alter von 15 Jahren lebte ich mit meinen Eltern und Großeltern in einem Haus. Meine Großeltern wohnten unten, meine Eltern und ich oben. Zu beiden hatte ich den gleichen Bezug und war glücklich, im Grunde vier Elternteile zu haben. Mein Halbbruder, der 13 Jahre älter ist als ich, ist der Sohn meines Vaters aus erster Ehe und wohnte nicht im gleichen Haushalt, so dass ich wie ein Einzelkind aufwuchs. Im weiteren Verlauf des Buches werde ich ihn »Bruder« nennen. Zu meinen Großeltern hatte ich das gleiche Verhältnis wie zu meinen Eltern und wusste diese besondere Situation sehr zu schätzen. Ich genoss es sehr, dass immer jemand da war, wenn ich nach Hause kam. Ich erinnere mich noch genau an einen Moment, als ich mit meinem besten Freund auf der Veranda stand und zu ihm sagte: »Ich bin dankbar, dass ich im Grunde zwei Elternpaare habe, die für mich da sind.«

Einen Tag nach den Weihnachtsfeiertagen starb mein Vater für uns alle völlig überraschend an einem Herzinfarkt, noch bevor der Arzt kam. Ich hörte an diesem Morgen meine Mum schreien und hatte versucht, meinen Vater zu beatmen und ihm eine Herzmassage zu geben, wie ich es im Erste-Hilfe-Kurs gelernt hatte, doch vergeblich. Mein Vater starb, während ich versuchte, ihn zu reanimieren. Als der Notarzt kam, legten wir meinen Vater vom Bett auf den Boden, doch es war kein Leben mehr in ihm. Dieser dumpfe Knall, als sein lebloser Körper mit dem Kopf auf dem Boden aufkam, ist mir heute noch gegenwärtig, als wäre es erst gestern passiert. Mit diesem krassen Cut von einer total behüteten Kindheit zu einem solchen Schock umzugehen, fiel mir lange Zeit richtig schwer. Ich machte mir extreme Vorwürfe und sagte zu mir: »Wenn ich im Erste-Hilfe-Kurs besser aufgepasst hätte und meinen Vater gleich vom Bett auf den Boden gelegt hätte, hätte ich ihn vielleicht noch retten können.« Diese massiven Selbstvorwürfe begleiteten mich sehr lang.

Ein weiterer Moment ist mir dabei noch sehr stark in Erinnerung geblieben: Ein oder zwei Tage nach dem Tod meines Vaters bin ich nachts mit dem Bestatter über den Friedhof gelaufen, um das Grab für meinen Vater auszusuchen. Dieser Moment ist immer noch sehr gegenwärtig bei mir. Dieses Laufen über den Friedhof hat sehr starke negative Emotionen in mir ausgelöst, gerade als 15-jähriger Jugendlicher.

Einen Monat später starb mein Großvater, wieder einen Monat später meine Großmutter, so dass innerhalb von zwei Monaten drei der vier wichtigsten Menschen in meinem Leben starben. Ich war sogar emotional so überwältigt, dass ich es nicht einmal geschafft hatte, beim Tod meiner Oma zu weinen. Über zehn Jahre erlaubte ich es mir nicht zu weinen, denn ich dachte, ich tue meiner Großmutter Unrecht, wenn ich wegen Dingen weine, die viel belangloser waren als ihr Tod. Es hat extrem lange gedauert, bis ich das für mich aufgelöst hatte.

Meine Mutter war danach total überfordert und hatte einen schweren Autounfall. Sie sagte zu mir, dass sie das Gefühl habe, dass Papa sie rufe und möchte, dass sie zu ihm komme. Das löste in mir ganz viele üble Emotionen aus, denn dann hätte ich mich komplett allein gefühlt. Dann wären die vier engsten Menschen nicht mehr bei mir gewesen. Ich fühlte mich so schon unfassbar allein. Sehr lange Zeit machte ich meiner Mutter einen Vorwurf für diese Äußerung, doch auch das konnte ich zum Glück inzwischen für mich auflösen. Ich fühlte mich damals so sehr allein gelassen mit dieser Aussage, doch ich weiß, dass es nicht ihre Absicht war, mich allein zu lassen.

Damals überforderten mich diese Emotionen total. Wenn ich traurig war und meiner Mum gegenüber meine Emotionen äußerte, konnte ich sie überhaupt nicht mit ihr teilen, denn sie war danach noch trauriger. Sie hatte schließlich ihren Mann und ihre Eltern verloren.

Meine Mutter konnte mir also nicht helfen, sodass ich stattdessen noch trauriger wurde. So kam es, dass ich meine Emotionen verdrängte.

Ich stürzte mich in die Arbeit in der Schule und lenkte mich damit ab. Ich war stolz darauf, dass ich einen Abidurchschnitt von 1,4 erreicht hatte und danach BWL in Mannheim studieren konnte, wo ich unter den besten dreißig Prozent war. Das Erbe meines Vaters war in Immobilien angelegt. Die Kosten der Immobilie überstiegen damals die Mieteinnahmen. Das war der Grund, warum ich monatlich keinen Mehrwert dadurch hatte, gleichzeitig aber kein Bafög bekam, weil ich Vermögen hatte. So musste ich mir mein Studium selbst finanzieren. Es kam für mich zum damaligen Zeitpunkt nicht in Frage, die Immobilien zu veräußern, da es das Elternhaus meines Großvaters war. Ich finanzierte mein Studium, indem ich Mathenachhilfe gab, Handball spielte, als Übungsleiter für Mathe Analysis und Finanzmathematik an der Uni Mannheim arbeitete und Halbwaisenrente und Kindergeld bekam. Später kamen weitere Einnahmen durch die Gründung meiner Selbstständigkeit dazu.

Doch ich hatte alle Emotionen nur verdrängt und ging die ganze Thematik erst 2016 an. Mit fünfzehn Jahren machte ich eine Therapie zu diesem Thema, doch das lief nicht besonders gut. Die Therapeutin ließ mich am ersten Tag ein Bild malen: Ich sollte mit einem schwarzen Stift auf ein weißes Papier einen Baum malen. Ich malte einen Baum ohne Blätter mit einem Loch in der Mitte, denn es war für mich unlogisch, einen normalen Baum mit schwarzem Stift zu malen. Etwa drei Wochen später sollte ich aus einem Schrank einige Figuren auswählen und sie in einem Behälter mit Sand aufstellen. Es gab neben Drachen und Soldaten auch Tiere vom Bauernhof, die ich schließlich aufstellte, da der Untergrund unter dem Sand blau war und ich das mit einem Bach in Verbindung brachte. Die Therapeutin schloss daraus, dass es mir jetzt schon viel besser gehen würde, nachdem ich statt des dunklen Baumes, der mit Trauer und Verlust zu tun hatte, diesen fröhlichen Bauernhof gebaut hatte. Für mich war diese Interpretation ziemlich merkwürdig. Tatsächlich gab es diese Praxis nach einigen Monaten nicht mehr. Sie musste aus Gründen, die ich nicht kenne, schließen. Damals mit fünfzehn Jahren war ich noch nicht reflektiert genug, hatte eine negative Erfahrung mit Therapie gesammelt und war überzeugt, dass sie mir nichts bringt. Das trug zu meinem Verdrängen noch mehr bei.

Ohne das Verdrängen hätte ich es wahrscheinlich nicht geschafft, es auszuhalten. Doch nachhaltig emotional sinnvoll ist Verdrängen auf jeden Fall nicht. Ich merkte immer häufiger, dass Emotionen durch Verdrängen wieder umso stärker zu mir zurückkommen. Ich bin froh, dass ich anstelle von Verdrängen offene Kommunikation und das offene Ausleben meiner Gefühle gestellt habe. Außerdem bin ich froh, wieder weinen zu können. Es ist für mich immer wieder ein Stück Verarbeitung des Vergangenen, wenn ich in Vorträgen oder Seminaren erkläre, wie ich mich emotional fühle oder auch wenn ich hier in diesem Buch darüber schreibe. Ich bin stolz und froh, dass ich das heute kann, weil ich daraus extrem viel für mich lernte.

Nicht weinen zu können, löste ich mit Hilfe meines Coaches auf, der mich fragte: »Glaubst du, dass Weinen guttut?«. Ich antwortete: »Ja.« Er fragte weiter: »Glaubst du, dass deine Oma wollte, dass es dir gutgeht?« Wieder war meine Antwort »Ja«. Diese beiden Fragen sorgten dafür, dass ich es zuließ, wieder wegen kleinerer Dinge zu weinen. Das tat mir gut, meine Emotionen wieder einmal herauszulassen. Für diese Fragen bin ich meinem Coach heute extrem dankbar.

Meiner Mutter warf ich damals vor, dass sie emotional eine Zeitlang nicht für mich da war. Ein geschätzter Vertriebspartner, Kollege und Freund konnte mir dann glücklicherweise den kompletten Rucksack voller Steine nehmen. Mein Kollege meinte, dass ich mich selbst bestrafe, wenn ich meiner Mutter nicht verzeihe und er fragte mich, was ich gewinnen könnte, wenn ich ihr vergebe. Seitdem war es für mich gelöst. Ich schaffte es, meiner Mutter zu verzeihen, dass sie gedanklich und emotional eine Zeitlang nicht für mich da war. Zusätzlich konnte er mir auch helfen zu sehen, dass es keine böse Absicht von meiner Mum war, sondern eine Schwäche von ihr, mit den Emotionen nicht umgehen zu können. Dafür habe ich absolutes Verständnis. Es hat überhaupt keinen Sinn gemacht, sie dafür zu verurteilen, weil es logisch war, dass sie sich damals so fühlte. Ich konnte damit auch Verständnis für ihre Situation entwickeln. Selbst wenn ich kein Verständnis hätte entwickeln können, sorgt das Verurteilen für mich langfristig für mehr Leid, so dass es viel besser ist, ihr zu vergeben, was zu einer Heilung führt.

Sie entschuldigte sich nach vielen Jahren bei mir für die damalige Situation, was unfassbar gut war. Es war nicht zwingend notwendig, dass ich heilen konnte, doch hat ihre Entschuldigung zusätzlich sehr gutgetan.

Auf dem Grabstein des Vaters meines besten Freundes ist folgendes Zitat von Goethe zu finden. »Was man tief in seinem Herzen besitzt, kann man nicht durch den Tod verlieren.« Dieses Zitat hat auch zu meiner Heilung beigetragen.

Wenn ein geliebter Mensch stirbt, dann sind es in der Regel nicht die krassen Ereignisse oder seltenen Erlebnisse, die wir mit dem Verstorbenen erlebt haben, z. B. tolle Urlaube, Formel-Eins-Events oder spannende Fußballspiele, sondern wir vermissen eher die kleinen, alltäglichen Momente: wie er sich die Nase oder die Zähne geputzt hat, wie er am Essenstisch saß und geschaut hat, wie er seinen Wein getrunken hat, wie er ferngesehen hat, wie er gelacht hat und wie er einen Kuss gegeben hat. Eigentlich ist der Tod ein total nützliches Instrument im Leben, denn wenn ich weiß, dass ich die normalen und alltäglichen Sachen vermisse, warum jage ich dann dem Besonderen hinterher? Ich finde, das ist ein schöner Gedanke.

Seit den Todesfällen weiß ich Freundschaft viel mehr zu schätzen. Außerdem kann ich bedingungslos offen mit Ängsten umgehen, denn Ängste zeigen mir, wo ich mich weiterentwickeln kann. Inzwischen kann ich offen über meine Schwächen sprechen, und auch durch die Hilfe anderer meine Schwächen auf ein überlebensfähiges Niveau bringen und meine Stärken stärken. Mit meinen Vertriebspartnern spreche ich über meine eigenen Fehler und zeige ihnen, dass sie aus Fehlern lernen und durch sie erfolgreich werden können.

Ich stellte fest: Indem ich mit Menschen über Fehler spreche und die Menschen wertschätze, entsteht eine Bindung. Meinen Mitmenschen, auch meinen Kunden, zeige ich, dass ich nicht perfekt bin, doch gemeinsam mit ihnen eine Lösung finden kann. Seit den Todesfällen kann ich sehr gut mit Rückschlägen umgehen und bewerte sie ganz anders.

Erst kürzlich hatte ich ein interessantes Gespräch mit einem Arbeitskollegen, der mir mitteilte, dass er einen Konflikt mit seinem Vater hat. Ich sagte zu ihm: »Ich würde mir wünschen, jeden Konflikt mit meinem Vater auskämpfen zu können, denn das würde bedeuten, dass ich ihn noch hätte und mit ihm reden könnte. Und selbst das unangenehmste Gespräch, das ich mit meinem Vater führen könnte, würde ich von Herzen gern führen.« Das war schön, ihm damit einen Gedankenanstoß zu geben, sodass er den Mut aufbrachte, mit seinem Vater zu sprechen.

In einer anderen Situation rief der Vater eines Freundes ihn an und er reagierte genervt und meinte: »Was will denn der schon wieder?« Ich sagte zu ihm: »Sei froh, dass er dich anruft. Ich wäre froh, mein Vater könnte mich noch anrufen.«

Wenn mich allerdings umgekehrt mir nahestehende Menschen anrufen, denke ich auch manchmal: »Was will der oder die jetzt wohl gerade von mir?« Doch dann mache ich mir wieder klar, dass ich froh sein kann, dass ich diese Menschen noch habe. Seit den Todesfällen weiß ich, was ich in meinem Leben will. Damals war bereits klar für mich, dass ich Kinder, Familie und Leben um mich haben möchte. Ich bin froh, mein Lebensziel schon so früh gehabt zu haben, dem ich alles unterordne, denn viele Menschen brauchen sehr lange, um das für sich herauszufinden. Ich habe durch die Todesfälle eine hohe Stresstoleranz, die mir in meiner Selbstständigkeit in Druckphasen sehr geholfen hat, weil ich weiß, was Leid ist. Ich dachte: »So schlimm kann die Selbstständigkeit nicht sein.« Mir sind freundschaftliche Beziehungen extrem wichtig, weil ich ja nur einen kleinen Familienkreis hatte und er durch die Todesfälle noch kleiner wurde. Schön für mich ist, dass es mir gelingt, zu vielen Menschen eine Beziehung aufzubauen. Auch wenn ich wenig Zeit für sie habe, geht es häufig nicht darum, wie viel Zeit ich mit denjenigen verbringe, sondern wie intensiv und tiefgründig die Gespräche sind. Mich macht es glücklich und gibt mir viel Verbundenheit, Sicherheit und Nähe, wenn ich zu Menschen auch in einer kurzen Zeit eine intensive Verbindung aufbauen kann.

Durch die Todesfälle sind meine Mum und ich stärker zusammengewachsen und haben durch den Verlust umso mehr darauf geachtet, uns gegenseitig unsere Liebe auszudrücken.

Ich war sehr verwöhnt früher. Es ist immer eine große Herausforderung, ein Einzelkind nicht zu sehr zu verwöhnen, vor allem, wenn man viel Zeit mit quasi vier Elternteilen verbringt. Durch die Todesfälle musste ich mich zu einer ganz anderen Art von Mann, bzw. Persönlichkeit entwickeln. Ich musste viel stärker sein, was im Nachgang betrachtet meiner Persönlichkeitsentwicklung sehr guttat. Ich ließ mich deutlich weniger in der Schule ärgern oder hänseln, weil ich dachte, dass ich alles in meinem Leben gut hinbekommen will, wenn schon das mit meiner Familie passiert ist. Schicksalsschläge und Todesfälle kann ich nicht beeinflussen, aber alles, was ich beeinflussen kann, will ich auch beeinflussen. Das ist eine Stärke, die ich durch diese Todesfälle lernte. Mein Ziel ist es, dies alles zu verarbeiten, indem ich es in diesem Buch niederschreibe oder auch anderen Menschen mitteile, aber ich denke, es ist auch möglich, viele Dinge zu lernen, ohne das Leid selbst durchlebt zu haben. Vielleicht schaffe ich es, auch durch dieses Buch, dass Menschen nicht erst das gleiche Leid erfahren müssen wie ich, sondern diese Erkenntnisse auch so erzielen können.

Leid und Liebe können meiner Meinung nach nur gemeinsam existieren. Das bedeutet nicht, dass du verdrängen oder zweckoptimistisch nur das Positive sehen solltest, doch solltest du auch nicht nur das Negative sehen und dich in eine Abwärtsspirale begeben, sondern dir beide Seiten anschauen. Du solltest trauern, aber auch sehen, welchen Wert es für dich hatte.

Mein Lebensziel war und ist, den »Schäffner-Clan« wieder groß zu machen, nachdem ich so viele familiäre Verluste erlitten hatte. Deshalb wollte ich eigene Kinder, eine eigene Familie.

Ich erkannte, dass durch diese Todesfälle auch viel Positives entstanden ist und ich mir beide Seiten anschauen sollte, die positive und die negative, denn:

Trauer ist Liebe, die überdauert.

Wer niemals weint und trauert, weiß nichts vom Glück, und derjenige, der viel trauert, hat schon viel Glück in seinem Leben erfahren. Das eine geht nicht ohne das andere.

Ich bin kein Experte, doch ich spreche aus Erfahrung, und diese Erfahrung teile ich mit anderen. Es geht nicht um die Bewertung von Emotionen, sondern dass aus diesen Emotionen immer wieder der gleiche Weg herausführt – mit Offenheit (s. auch unter Offenheit).

Eine Familie mit Kindern und ein eigenes Haus war mein größtes Lebensziel. Dieses ist im herkömmlichen Sinn 2019 »gescheitert«, als sich meine damalige Frau und Mutter meiner zwei Töchter von mir getrennt hat. Ich sage absichtlich »sie von mir«, denn in Wahrheit habe ich mich nicht getraut, mich zu trennen, weil ich auf die Frage meiner Kinder: »Wer hat sich getrennt?« nicht mit »Ich habe mich getrennt« antworten wollte. Ich hatte Angst vor ihrer Reaktion. Wir erkannten, dass wir nicht den passenden Lebenspartner, sondern den passenden Elternteil zum damaligen Zeitpunkt für unsere Kinder gesucht hatten.

Inzwischen betrachte ich meine Beziehung nicht mehr als Scheitern, denn dadurch sind meine beiden Mädels entstanden. Meine Kinder sind mein größter Erfolg, den ich bisher geschafft habe. Die Beziehung als gescheitert zu betrachten, würde dem nicht gerecht werden.

Mit meinen Emotionen bin ich glücklich und im Reinen, denn ich habe einen Umgang mit meinen Schicksalsschlägen gefunden.

Mein Wunsch für dich, lieber Leser, ist, dass du mit meinen Gedanken in diesem Buch, in dem ich die verschiedenen Emotionen durchgehe, die mir in meinem Leben bisher begegnet sind, einen besseren Umgang mit deinen Emotionen findest und ein glückliches Leben für dich lebst. Wenn du nicht schon sowieso offen mit deinen Emotionen umgehst, will ich dir die Zuversicht geben, offen mit deinen Emotionen umgehen zu können.

Wenn du Anmerkungen hast, wie du mit diesen Emotionen anders umgegangen bist, teile mir diese Gedanken gerne mit, denn es ist immer individuell, wie jeder mit Emotionen umgeht.

Angst

Zum Thema Angst kannst du dir folgende Fragen stellen:

Welche Ängste hast du?
Was ist deine größte Angst?
Stell dir vor, du könntest diese Angst ablegen,
was würde das Positives für dich bedeuten?
Warum hast du diese Ängste?
Seit wann hast du diese Ängste?
Was wäre, wenn du diese Ängste nicht hättest?
Wovor schützen dich deine Ängste?
Welchen Nutzen haben deine Ängste?
Was ist das Gute an deinen Ängsten?

Angst ist der Hauptgrund, warum wir nicht handeln. Angst sorgt dafür, dass wir die Frau oder den Mann, den wir begehren, nicht ansprechen. Wir haben Angst zu scheitern. Wir haben Angst davor, was unsere Freunde sagen, wenn wir abgelehnt werden. Wir haben Angst, ausgelacht zu werden, wenn wir zurückgewiesen werden.

Angst sorgt dafür, dass wir bedeutende Entscheidungen in unserem Leben nicht treffen. Soll ich Kritik an meinen Freunden oder meiner Familie äußern, die ihnen missfallen könnte? Kann ich meinem Chef sagen, was ich von ihm halte, bzw. was er verbessern kann? Mit gewaltfreier Kommunikation kannst du Feedback äußern, ohne Angst haben zu müssen, dein Gegenüber zu verletzen (s. auch unter Gewaltfreie Kommunikation).

Stell dir für einen Augenblick vor, dass deine Ängste dich nicht daran hindern zu handeln, sondern dich beflügeln zu handeln. Stell dir für einen Augenblick vor, dass deine Angst – dessen Urangst wahrscheinlich häufig die Angst vor Ablehnung ist – nicht zu dem Ergebnis Vereinsamung führt, sondern dir dabei helfen wird, tiefe Verbundenheit zu vielen wichtigen Menschen in deinem Leben zu finden. Wie kann Liebe ohne Angst funktionieren? Stell dir vor, die Antwort auf deine Verlustangst ist Dankbarkeit. Stell dir vor, dass deine Angst vor Schamgefühl und Unsicherheit dich zu einem Urvertrauen in dich und andere führen wird. Vielleicht denkst du, das kann ich nicht, das geht nicht, das macht keinen Sinn. Das ist vollkommen okay. Stell dir nur vor, wie es wäre. Stell dir nicht den Weg dorthin vor, sondern nur den Zustand am Ende deines Weges. Wie würdest du dich fühlen, wenn deine Ängste in Liebe, Vertrauen, Verbundenheit und Dankbarkeit führen?

Es beginnt alles mit einer Angst. Unsicherheit führt zu Vertrauen. Verlustangst führt zu Dankbarkeit. Angst vor Ablehnung zu Verbundenheit. Angst führt zu Liebe. Der Weg dorthin ist ganz einfach: Kommuniziere offen über deine Ängste. Mehr ist es nicht. Es ist so einfach und fällt uns allen doch so schwer. Das Leben ist einfach und zur selben Zeit schwer. Ich entscheide, welchen dieser Momente ich wähle und das jeden Tag tausendmal. Ich bin der Einzige, der es entscheidet – niemand sonst. Welche Wahl triffst du?

Angst ist der Grund dafür, warum ich dieses Buch fast nicht geschrieben hätte. Warum? Ich habe mir überlegt, was andere über mich denken, was andere über mich sagen, wer sich durch dieses Buch von mir entfernt, wer mich für schwach hält. Angst hat so viel Macht über uns. Angst kann für Einsamkeit, Unglück und nach außen gerichtete Wut sorgen. Um das Positive in seinen Ängsten zu finden, hilft es dir sicher, unter dem Begriff »Ziele« in diesem Buch nachzulesen.

Welchen Nutzen kann Angst für uns haben? Angst sorgt dafür, dass wir emotional verstehen, was uns wichtig ist. Als Gedankenspiel habe ich Menschen befragt, was sie sich wünschen würden, wenn ich zaubern könnte. Viele antworteten, dass sie sich wünschen würden, keine Angst mehr zu haben. Ich wollte niemals dieser Zauberer sein, der diesen Wunsch erfüllen kann. Wenn ein Mensch niemals in seinem Leben um etwas Angst hat, wie viele vertrauensvolle und verbundene Beziehungen hatte er zu Menschen, wie viel Liebe hat dieser Mensch empfunden?

Ohne Angst kein Mut

Ohne Angst kannst du keinen Mut beweisen. Wie sollte Mut ohne Angst funktionieren? Wenn wir uns in Situationen begeben, die uns Angst machen, brauchen wir dafür Mut. Nur so entwickeln wir uns persönlich weiter.

Sehr inspirierend ist meiner Meinung nach folgende Szene aus Game of Thrones, in der Robb Stark über seinen Vater Eddard Stark Folgendes berichtet:

»Er hat mir einmal gesagt, Lord zu sein, wäre wie Vater zu sein, nur, dass man Tausende von Kindern hat und sich um alle Sorgen macht. Die Bauern, die ihr Land bestellen, gilt es zu beschützen. Die Mägde, die die Böden schrubben, gilt es zu beschützen. Die Soldaten, die man in die Schlacht befielt. Er sagte, dass er morgens mit Angst aufwacht und abends mit Angst ins Bett geht. Ich habe ihm nicht geglaubt. Ich fragte ihn: ›Wie kann ein Mann mutig sein, wenn er Angst hat?‹. ›Nur dann kann ein Mann mutig sein‹, hat er geantwortet.« Ohne Angst kann man also nicht mutig sein. Und der Weg aus der Angst heraus ist durch die Angst hindurch.

Angst hat dennoch meist eine negative Assoziation. Angst ist etwas, das bremst. Rationale Menschen sagten mir, dass sie keine Ängste haben, sondern Bedenken. Das gefiel mir, weil Bedenken neutral sind. Wenn ich es also schaffe, meine Angst in etwas Neutrales zu verwandeln, wie Bedenken, kann ich meine Bedenken einfacher lösen als eine Angst. Es ist die Frage, ob ich es neutral oder negativ auslege. Was ich dann wieder im Umkehrschluss schön fand, war: Wie cool ist es, wenn du eine Angst zu Bedenken neutralisierst und Bedenken zu

Respekt vor etwas werden lässt. Dadurch schaffst du es, die negative Angst über Bedenken hinweg zu etwas Positivem werden zu lassen, vor dem du Respekt hast. Wenn du keine Ängste hättest, könntest du auch nicht Respekt vor etwas entwickeln. Und Respekt ist etwas sehr Positives. Ohne meine Ängste könnte ich nie vor etwas Respekt haben. Es ist das große Ziel in meinem Leben, nicht den Respekt vor Dingen zu verlieren.

Ich kam zu dieser Erkenntnis, als ich einen Vortrag hielt und den Auftrag bekam, eine halbe Stunde Ängste von unseren Vertriebspartnern zu sammeln und danach eine halbe Stunde diese Ängste zu lösen. Ich vergaß allerdings die Zeit und sammelte 55 Minuten lang Ängste, so dass ich vier Flipchartblätter voll mit Ängsten hatte und lediglich fünf Minuten, sie zu lösen. Es standen richtig krasse Ängste darauf, wie zum Beispiel die Angst, Freunde zu verlieren durch die Arbeit bei uns. Angst, die Familie nicht mehr ernähren zu können. Angst, familiäre Bande zu zerstören, wenn man von der Dienstleistung so überzeugt ist, dass man sie auch Freunden und Bekannten vorstellen möchte. Angst, dass einen der Partner nicht mehr ernst nimmt. Angst, dass einen der Vater enterbt, wenn man die Tätigkeit als Finanzdienstleister annimmt. Angst, dass man als Verkäufer, bzw. als Halsabschneider hingestellt wird. Angst, in der Selbstständigkeit zu scheitern und so weiter.

Manchmal entstehen unter Druck Diamanten. Zum Glück ist mir folgendes, geistiges Lachsbrötchen eingefallen. Ich fragte das Publikum: »Könnt ihr auf dem Flipchart eine Angst entdecken, die ich heute nicht habe?« Alle schauten auf das Flipchart und stellten fest, dass ich alle Ängste immer noch habe. Denn: Nur, weil meine Freunde schon Kunden sind, habe ich ja nicht weniger Angst, dass sie denken: Ich kümmere mich nicht oder ich mache es nicht richtig. Die Angst, einen Fehler zu machen, wird größer, je länger jemand bei mir Kunde ist, denn er hat immer mehr Vermögen in seiner Altersvorsorge, immer mehr Geld in seinen Sparverträgen und immer mehr Verantwortung in seinem Leben. Ich habe daher immer noch den gleichen Respekt, wenn nicht sogar mehr Respekt davor als damals, keinen Fehler beim Kunden zu machen.

Zum Beispiel hatte ich große Angst, als böser Strukturvertriebler in meinem Umfeld wahrgenommen zu werden, der die Leute nur ausbeutet. Die Wahrscheinlichkeit, mit über 1.000 Vertriebspartnern so zu wirken, ist größer als mit fünf oder mit einem. Das heißt, eigentlich gab ich meiner Angst immer nur mehr Futter. Ich fand einen Umgang damit. Immer noch habe ich Angst davor, als Verkäufer zu wirken. Ich habe immer noch Angst, als Verbrecher wahrgenommen zu werden. Ich schaffe es nur in der Masse der Fälle, dass mich meine Angst nicht mehr blockiert, sondern meine Angst dafür sorgt, dass ich qualitativ hochwertig arbeite und Respekt davor habe, dass ich es positiv beeinflussen kann, wie ich wahrgenommen werde. Außerdem sorgt meine Angst dafür, dass ich darauf achte, so wahrgenommen zu werden, wie ich es möchte durch offene Kommunikation. Ich schaffe es, meine Angst zu neutralisieren in Bedenken und in etwas Positives, in Respekt vor etwas, zu verwandeln. Wenn es mir egal wäre, wie mein Vortrag wirkt und ich also keine Angst hätte, einen guten Vortrag zu halten, wäre ich beispielsweise weniger achtsam. In einem Vortrag sagte ich auch einmal: Ich habe Angst, eure Ängste nicht lösen zu können. Aber wie gut wäre ich heute, wenn ich diese Angst nicht hätte?

Mit der Angst Freundschaft schließen

Meine Ängste bringen mich zur Handlung, weil ich Respekt vor etwas habe. Ich habe nämlich Respekt davor, meine Freundschaften zu halten. Ich habe Respekt davor, nicht als Verkäufer im negativen, sondern im positiven Sinne zu wirken. Ich habe Respekt davor, als Dienstleister wahrgenommen zu werden, der einen Mehrwert schafft. Ich habe Respekt davor, nicht pleitezugehen, weil ich mich als Ernährer meiner Familie sehe. Ich habe Respekt davor, dass niemand in meinem Umfeld, der einen Standort eröffnet, pleitegeht. Ich habe Respekt davor, einen guten Vortrag zu halten, in dem ich die Leute anziehe. Ich bin froh, all die Ängste selbst zu haben, denn ich kann diese negativen Ängste in etwas Neutrales, wie Bedenken oder sogar in etwas Positives, wie Respekt, verwandeln. Ich habe auch vor dir, lieber Leser, Respekt. Wenn wir es schaffen, unsere Ängste zu transformieren hin über Bedenken zu Respekt, dann werden wir mit unserer Angst Freundschaft schließen, denn Respekt ist ein Unterbegriff von Liebe.

Zu Liebe gehört, dass ich Menschen respektiere. Dann ist die Antwort auf Angst Liebe. Und genau dieses Gedankenspiel habe ich. Wenn du Verlustangst hast, kannst du sie positiv in Liebe ausdrücken und sie als Dankbarkeit bezeichnen. Die Antwort auf Scham und Unsicherheitsgefühle ist in der Sprache der Liebe Vertrauen. Wenn du Angst vor Ablehnung, vor Vereinsamung hast, ist die Antwort in Liebe gesprochen: Verbundenheit darauf. Und Offenheit führt mich von A nach B. Man könnte es auch den Weg des Lebens, den Sinn des Lebens oder Transformationsprozess nennen.

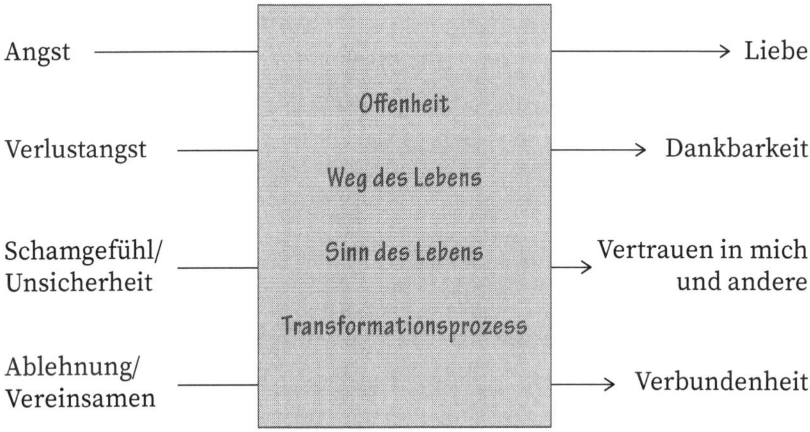

Angst bis zum Ende durchspielen

Bevor meine Ex-Frau und ich uns trennten, habe ich meine Angst nicht bis zum Ende durchgespielt. Ich dachte immer: Wie schlecht ist es für die Kinder, wenn wir uns scheiden lassen, denn das war der Grund, warum ich mich nicht getraut hatte, mich zu trennen.

Es ist schön, dass ich meinen Kindern mit meiner Partnerin eine glückliche und intakte Beziehung vorleben kann. Das schafften meine Exfrau und ich damals als Eltern leider nicht, obwohl wir alles probiert hatten. Doch allein, wenn ich sage: Wir haben alles probiert, fühlt es sich anstrengend an und es stimmt irgendetwas nicht. Eine Beziehung sollte sich doch leicht anfühlen. Das heißt nicht, dass es keine Konflikte gibt. Aber eine Beziehung darf nicht mehrere Jahre Kampf sein.

Jetzt ist die Wahrscheinlichkeit viel höher, den Kindern eine funktionierende und intakte Beziehung vorzuleben. Sie wachsen in einem glücklichen Umfeld auf. Selbstverständlich vermissen die Kinder ihre Mutter auch, wenn sie bei mir sind, und umgekehrt vermissen sie mich, wenn sie bei ihrer Mutter sind. Das ist normal. Alles hat seine Vor- und Nachteile, und natürlich ist es besser, wenn man es von Anfang an schafft, den Partner zu finden, mit dem man auch sein Leben verbringen will, denn ich glaube, es ist für Kinder besser, nicht in getrennten Haushalten aufzuwachsen.

Heute bin ich sicher, dass es die deutlich bessere Entscheidung war, sich zu trennen, anstatt etwas aufrechtzuerhalten, das einfach nicht zusammengepasst hat. Doch ich hatte Angst vor einer Trennung, sah vor lauter Bäumen den Wald nicht mehr und verlor mich in meinen Emotionen. Ich dachte, mein Leben sei gescheitert, weil ich mein größtes Lebensziel – Familie und Kinder – angeblich nicht erreicht habe. Familie und Kinder hatte ich allerdings nie verloren, denn meine Familie und meine Kinder, die mich über alles glücklich machen, waren weiterhin immer da. Das Einzige, das ich verloren hatte, war eine nicht funktionierende Beziehung zu meiner Exfrau und der Mutter meiner Kinder. Insofern machte es keinen Sinn, mein Lebensziel als gescheitert anzusehen. Wenn ich mit den Kindern ohne Partnerin alleine zu Hause war, fehlte die Lebenspartnerin. Daher bin ich unendlich dankbar, wieder eine Lebenspartnerin zu haben, mit der ich einen Sohn habe und die sich auch sehr gut mit meinen Kindern versteht. Wenn ich samstags morgens aufstehe, wir zusammen frühstücken mit meinen Kindern und unserem gemeinsamen Kind, dann habe ich mein größtes Lebensziel, nämlich Familie und Kinder, erreicht. Das Gleiche empfinde ich auch, wenn wir etwas zusammen unternehmen, z. B. im Schwimmbad oder gemeinsam im Urlaub sind. Ich bin glücklich, mein Ziel von Familie und Kindern erreicht zu haben.

Angst = Annahme, negative Gedanken seien Tatsachen

Angst ist nichts anderes als die Annahme, dass negative Gedanken Tatsachen seien. Das deckt sich mit den Anfangsbuchstaben des Wortes Angst: **A**nnahme – **n**egative – **G**edanken – **s**eien – **T**atsachen. Wenn es nur Annahmen sind, macht es Sinn, bei der Reflexion Klarheit reinzubringen. Um die Annahme zu beseitigen, ist es sinnvoll, diese Angst bis zum Ende durchzuspielen und sich den worst case zu vergegenwärtigen. Oftmals ist der worst case gar nicht so schlimm, wie wir denken. Die Annahmen lassen sich dadurch lösen, dass man offen über seine Ängste spricht und dann auch mit der Hilfe und den Ratschlägen anderer durch die Ängste hindurchgeht. Ängste sind für mich Fragen, die uns das Leben stellt. Letztlich zählt nur, wie wir darauf antworten.

Wir haben Angst, gehen dann aber nicht weiter in die Handlung. Zum Beispiel rufen wir jemanden nicht an, weil wir Angst haben, dass er uns als Verkäufer wahrnehmen kann oder weil wir Angst vor Ablehnung haben. Die einfachste Lösung, Ängste zu überwinden, ist, offen darüber zu kommunizieren.

Für mich ist jedes Ziel eine positiv formulierte Angst und jede Angst ist ein negativ formuliertes Ziel. Ich kann jede Angst, die ich habe, in etwas Positives formulieren. Deshalb ist es für mich schön zu sehen, dass mein Buch mit A wie Angst beginnt und mit Z wie Ziel endet. Das hätte schöner nicht sein können. Für mich ist genau das die Auflösung, dass alles aus einer Angst entsteht und ich jede Angst in etwas Positives, in etwas, vor dem ich Respekt habe, verwandeln kann, indem ich jede Angst in ein Ziel verwandeln kann. Ich kann beispielsweise die Angst, als Verkäufer zu wirken, ummünzen in: Ich habe Respekt davor, dass meine Kunden meine Dienstleistung zu schätzen wissen und ich nur dann, wenn ich einen Mehrwert biete, Geld verdiene. Die Angst davor, Beziehungsebenen zu gefährden, lässt sich in etwas Positives wandeln, d.h. ich suche nach positiven Beziehungsebenen zu Menschen und möchte diese erhalten und stärken. Davor habe ich einen unglaublichen Respekt. Angst vor Verlust kann ich beispielsweise in Dankbarkeit umwandeln.

Ich habe die Angst, Freunde zu verlieren. Also habe ich das Ziel, Freundschaften zu vertiefen und zu erhalten. Ich bin davon überzeugt, dass man jede Angst in ein Ziel verwandeln kann. Wenn ich Angst habe, Freunde zu verlieren, dann ist es mir wichtig, Freundschaften zu erhalten. Wenn ich Angst habe, als Verkäufer im negativen Sinne wahrgenommen zu werden, der den Menschen Mist verkauft, um sich selbst zu bereichern, dann ist es mir wichtig, als guter Dienstleister wahrgenommen zu werden, der nur dann gewinnt, wenn andere gewinnen. So kann ich jede Angst positiv formulieren.

Nach den Todesfällen hatte ich extrem viel Angst, auch noch meine Mutter oder andere mir nahestehende Menschen zu verlieren. Ich hatte auch schon oft Angst, dass meinen Kindern etwas passieren könnte, wenn sie in der Schule sind, dass sie von der Schaukel fallen oder wenn sie bei Freunden zum Spielen sind, sie in einen Teich fallen könnten. Dies ist meiner Bekannten einmal passiert, die beim Babysitten war. Auch hatte ich schon häufiger davor Angst, dass meine Kinder zu früh loslaufen, wenn die Ampel noch rot ist, als sie kleiner waren oder dass sie jemand im Straßenverkehr übersieht. Hier kann ich mich in extrem vielen Gedanken verlieren. Ich löste es für mich auf, dass mir diese Angst, sie zu verlieren, zeigt, wie wichtig sie mir sind. Die beste Antwort auf Verlustangst ist Dankbarkeit für das Jetzt. Ich schaffe es durch diese Verlustangst, aufmerksamer für meine Kinder da zu sein, zum Beispiel nicht ständig am Handy zu sein, nicht 24/7 etwas anderes zu machen, wenn sie bei mir sind. Das heißt nicht, dass es nicht auch okay ist, mal etwas für mich zu machen. Ich denke, diese Verlustangst ist ein nützliches Instrument, um aufmerksamer und achtsamer zu sein, dankbarer zu sein.

Bitte

Viele Menschen haben häufig ein Problem damit, um etwas zu bitten. Ich merke das vor allem bei Vertrieblern, die glauben, wenn sie um etwas bitten, dass sie sich in eine schwächere Position bringen. Für mich hat Bitten etwas sehr Wertschätzendes, und zusätzlich gehört für mich auch viel Mut dazu, jemanden um Hilfe zu bitten. Ich nenne ein paar Beispiele, wo mir Bitten extrem weitergeholfen hat. Nehmen wir an, du bist im Vertrieb für ein Team verantwortlich. Du versuchst, den Vertriebspartnern klarzumachen, dass der Erfolg des einzelnen Vertriebspartners auch automatisch der Erfolg des Gruppenleiters, des Teamleiters ist. Es gibt manchmal allerdings Situationen, in denen die Interessen nicht gleichgerichtet sind. Dann habe ich das Gefühl, dass häufig Führungskräfte in Vertrieben versuchen, ihren Vertriebspartnern das so zu erklären, dass die Sache doch ganz toll für sie sei.

Ganz häufig setzt sich ein Mentor für sein Team ein, was schließlich seine Aufgabe im Vertrieb ist. Er hat auch einen Nutzen davon, weil er am Umsatz beteiligt wird. Oftmals haben aber auch Partner, die unter oder neben einem anderen in der Hierarchie sind, Lust, diesem zu helfen. Ich bin der Meinung, dass es manchmal für den Partner auch extrem wertschätzend sein kann, dass du ihm gar nicht erklärst, was er davon hat, sondern ihn einfach nur höflich bittest und fragst: »Kannst du das bitte für mich machen?«

Ich glaube nicht, dass du dich damit als Führungskraft in eine schwache Position bringst, sondern ganz im Gegenteil. Ich bin davon überzeugt, dass viel Stärke dazu gehört, um Hilfe zu bitten. Und ich glaube, dass du dein Gegenüber, wenn du es richtig machst, auch stark aufwertest. Denn: Wenn du selbst eine starke Persönlichkeit bist und jemand anderes um etwas bittest, dann bringst du den anderen in eine Situation, dir helfen zu können und wertest ihn damit automatisch auf. Das Gleiche funktioniert bei der Erziehung von Kindern. Ich habe das

Gefühl, dass meine Kinder ganz häufig tatsächlich Lust darauf haben, mir zu helfen, wenn ich sie freundlich darum bitte und sie lieb frage: »Kannst du mir helfen?« oder vor allem, wenn ich mal krank bin oder sonstige Unterstützung brauche. Sie haben sogar Spaß daran.

Damit bringe ich sie in eine Position der Stärke. Das heißt nicht, dass permanent die Kinder alles machen sollen. Das meine ich nicht. Doch es ist gut, das Thema Bitte bei Kindern gezielt einzusetzen, denn es macht sie stolz, ihrem Papa helfen zu können. Natürlich ist es nicht gut für die Kinder, wenn ich jetzt an 29 von 30 Tagen krank wäre, doch dem Papa helfen zu können, freut sie, wenn sie sagen können: »Ich bin stark, ich kann sogar dem Papa helfen.«

Viele Menschen denken, sie seien schwach, wenn sie jemand anderen um etwas bitten. Meiner Meinung nach dürfen wir andere um etwas bitten, denn die Bitte an sich hat nichts damit zu tun hat, ob ich stark oder schwach bin, sondern damit, ob ich grundsätzlich stark oder schwach bin – und nicht die Bitte sorgt dafür. Vor allem starke Persönlichkeiten oder vermeintlich starke Persönlichkeiten haben oftmals ein Riesenproblem damit, jemanden um etwas zu bitten.

Wenn du eine richtig gute Dienstleistung anbietest und deine Kunden bitten dich um etwas, das über die reine Dienstleistung hinausgeht, hast du als guter Vertriebspartner wahrscheinlich Lust darauf, diese Dinge zu recherchieren. Du als Vertriebspartner kannst umgekehrt deine Kunden auch um etwas bitten. Nehmen wir an, du bist am Ende einer tollen Beratung und sagst beispielsweise zu deinem Kunden: »Bei einer Sache in eigener Angelegenheit brauche ich deine Hilfe.« Das weiß ein Kunde zu schätzen, und es sorgt für eine tiefere Vertrauensbasis zum Kunden. Anstatt es ihm künstlich herzuleiten und eine Gegenleistung anzubieten, dass er vielleicht Geld dafür bekommt, führt es zu einer tieferen Verbindung, den Kunden einfach zu fragen, bzw. zu bitten. Viele Menschen haben auch einfach Lust darauf zu helfen.

Vertrauen ist keine Einbahnstraße

Damals fragte ich Kunden, wie vertrauenswürdig sie unsere Branche einschätzen. Leider kam als Antwort das, was oft über unsere Branche erzählt wird. Meinem Kunden erklärte ich: »Genau deshalb brauche ich deine Hilfe, lieber Kunde. Du bringst mir Vertrauen entgegen, indem du mir deine Altersvorsorge anvertraust. Deine persönliche Absicherung, dass deine Familie, falls du nicht mehr arbeiten kannst, geschützt ist, und du Einkommen bekommst. Ich bin dir sehr dankbar für dein Vertrauen. Du hast mir deine Hausfinanzierung anvertraut für das Haus, in dem du mit deiner Familie lebst. Vertrauen ist keine Einbahnstraße, sondern meines Erachtens eine Zweibahnstraße. Es gibt eine begrenzte Anzahl an Menschen, denen ich vertrauen kann. Ich denke, dadurch, dass du mir vertrauen kannst, kann ich das auch in umgekehrter Richtung. Du weißt, wie wir arbeiten und weißt, welche Art von Menschen wir suchen.

Ich bitte dich nun darum zu überlegen, ob es Menschen in deinem Umfeld gibt, die einen kaufmännischen Hintergrund haben, auch andere Berater, die du kennst, von denen du vielleicht gehört hast, dass sie sich gerne verändern würden oder Studierende, die sich für Wirtschaft interessieren, also einfach Menschen, die Bock haben auf Wirtschaft, Selbstständigkeit oder Investment. Und die gleichzeitig das Herz am rechten Fleck haben. Du musst sie nicht anschreiben, sondern nur darüber nachdenken, dass wir uns darüber unterhalten können.«

Aus den Reaktionen meiner Kunden sammelte ich sehr viele positive Erfahrungen. Es war eine starke Motivation da, mir zu helfen, mir vielleicht auch etwas zurückzugeben für meine Dienstleistung. Natürlich habe ich damit Geld verdient, gleichzeitig wertest du Menschen auf, wenn du ihnen zutraust, dass sie dir helfen können. Natürlich solltest du das nicht jedes Mal nutzen und auch nicht manipulativ. Doch gezielt eingesetzt, bringst du dein Gegenüber in eine starke Position. Ich denke, wir unterschätzen das in unserer Gesellschaft extrem, wie hilfsbereit Menschen sind. Stattdessen stempeln wir sie oft ab und stellen sie als egoistisch hin.

Ich selbst bat eine ganze Zeitlang nicht um Hilfe, weil ich dachte, dass es eine Form von Schwäche sei. Egal, ob du jemanden in Zukunft um Hilfe bittest oder nicht, lass einfach mal den Gedanken zu, ob um Hilfe bitten wirklich Schwäche ist. Oder ob nicht dazu viel Stärke gehört, sich selbst einzugestehen, dass ich Hilfe gebrauchen kann. Wenn du diesen Gedanken zulässt, kannst du überlegen, wie du dich in Zukunft verhalten möchtest.

Vielleicht bittest du deine Kunden manchmal um eine Testimonial-Stimme. Hier denken auch viele: »Kann ich das überhaupt machen, den Kunden fragen, ob er etwas über mich schreibt, am besten etwas Positives?« Das ist auch ein Bitte. Die meisten Menschen haben darauf grundsätzlich Lust. Doch es ist auch vollkommen in Ordnung, wenn jemand eine Bitte ablehnt. Das bedeutet nicht, dass er dich nicht mag, oder dich sogar hasst. Das darfst du nicht persönlich nehmen. Es ist legitim, wenn jemand eine Bitte ablehnt.

Freundschaft oder Bekanntschaft?

Ich habe zum Beispiel überhaupt kein Problem, Freunde um etwas zu bitten. Hier solltest du allerdings keine Strichliste führen, wer wem wie viele Male geholfen hat, sondern den anderen dann bitten, wenn du seine Hilfe benötigst. Es wird sich automatisch ausgleichen. Ich denke, dass echte Freunde eine innere Befriedigung darin finden, mir zu helfen. Doch manche Menschen haben sogar in Freundschaften Probleme damit, Bitten zu äußern. Die Frage ist, ob wir dann nicht eher über Bekanntschaften sprechen als über echte Freundschaften.

Meine engen Freunde und meine Familie sind für mich ein unendlicher Schatz, aus dem ich schöpfen kann. Es ist selbstverständlich in Ordnung, wenn sie mir nicht helfen können oder wollen. Die Frage, die ich mir stelle, lautet: Würde ich das umgekehrt auch tun, wenn ein Freund oder eine Freundin mich darum bitten würde? Wenn ich diese Frage mit einem Ja beantworten kann, brauche ich keine Unruhe mehr zu haben, denjenigen um Hilfe zu bitten. Ansonsten ist die Freundschaft vielleicht nur eine Einbahnstraße. Ich merke auch, dass es die Beziehungsebene verbessert, wenn ich Freunde um etwas bitte, vor allem bei Dingen, die nicht selbstverständlich sind. Ich meine hier nicht, mal beim Umzug zu helfen. Das kann ich in die Handballgruppe stellen, in der ich Bekannte habe. Da helfen manche und andere nicht. Das ist total legitim. Ich selbst habe auch schon oft bei Umzügen nicht geholfen und kann das gut verstehen, wenn jemand anderes mir einmal nicht helfen will.

Bei meinen engen Freunden ist es für mich selbstverständlich, dass ich ihnen auch nach einem langen und anstrengenden Arbeitstag abends noch beim Umzug helfe. Das ist dann eine echte Freundschaft und keine Bekanntschaft. Es gibt natürlich auch den Fall, dass es eigentlich eine Freundschaft ist und du selbst sie wie eine Bekanntschaft behandelst.

Häufig ist noch die Einstellung bei Menschen verankert: »Ich mache es lieber selbst. Ich will lieber niemandem zur Last fallen.« Wenn du allerdings immer das Gefühl hast, anderen Menschen zur Last zur fallen, hat das viel mit deinem Selbstwert und deiner Selbstliebe zu tun, denn das Gefühl hast du in dir. Die Menschen, die mir das Gefühl geben, dass ich ihnen zur Last falle, sind wahrscheinlich eher Bekannte oder vielleicht nicht einmal Bekannte. Das, was uns eigentlich stört, ist, die Wahrheit herauszufinden, was eine Freundschaft und was eine Bekanntschaft ist. Es stört uns mehr die Wahrheit. Wir wollen oft nur die Illusion aufrechterhalten.

Es ist gut zu wissen, welche meiner Kunden oder welche meiner Vertriebspartner ich um etwas bitten kann und welche nicht. Natürlich bewerte ich dann manchmal ein Nein auch emotional. Ich finde es allerdings auch völlig in Ordnung, wenn mir jemand bei etwas nicht helfen will, denn er hat wie ich auch das Recht »Nein« zu sagen. Langfristig macht es Sinn herauszufinden, wen ich generell um Hilfe bitten kann und wen nicht. Ich denke, es hat auch eine Grenze, jedem Menschen zu helfen. Immer, wenn ich sage: »Ich kann nicht« bedeutet es eigentlich: »Ich will nicht« oder »Ich möchte nicht.« Es ist immer bequemer zu sagen: »Ich kann nicht«, denn damit schlüpfst du in die Opferrolle. Wenn du sagst: »Ich will nicht«, bist du der Buhmann. Ich bin lieber Täter statt Opfer. Es ist vollkommen okay, wenn du mal nicht helfen möchtest (s. auch unter Können).

Wenn meine Kinder beispielsweise zu meiner Mutter sagen: »Ich will ...«, sagt sie immer zu ihnen: »Das heißt ›Ich möchte ...‹« Sie sagt es deshalb, weil es für sie viel schöner und nicht so bestimmend klingt und bittet sie daher statt »Ich will nicht« zu sagen »Ich möchte nicht.« Auch für mich ist »Ich möchte nicht« ein viel schönerer Ausdruck. Doch möchte ich hier auch klarmachen, warum ich auch immer wieder das Wort »wollen« benutze. Es drückt für mich mehr Stärke aus. Ich möchte mit dem Wort »wollen« diese eindeutige Täterrolle ausdrücken, und deshalb ist für mich »wollen« stärker als »möchten«.

Charakter

Im Vertrieb haben viele Menschen Angst vor Ablehnung. Das ist der Hauptgrund, warum Menschen im Vertrieb scheitern: die Angst vor Ablehnung. Wenn du mit deiner größten Angst – der Angst vor Ablehnung – konfrontiert wirst, erkennst du, dass du zu den Überlebenden gehörst, zu denen, die Angst hatten, denn diejenigen, die den Säbelzahntiger süß fanden und ihn streicheln wollten, sind von ihm gefressen worden. Er hat diese Menschen nicht abgelehnt. Für mich ist die Angst vor Ablehnung gleichbedeutend mit der Wertschätzung anderer Menschen, denn wenn ich Angst davor habe, von Menschen abgelehnt zu werden, bedeutet das, dass die Beziehungsebene zu Menschen für mich wichtig ist. Wenn ich das erkenne, kann ich das auch positiv für mich interpretieren.

Ich will sogar für manche Dinge abgelehnt werden von anderen. Das hat etwas mit Charakterbildung zu tun. Früher ging es mir darum, von allen gemocht zu werden. Doch welchen Charakter hat jemand, der von allen gemocht wird? Meines Erachtens kann er gar keinen Charakter haben, denn er ist alles und gleichzeitig nichts. Das heißt, wenn ich den eigenen Charakter bilde, ist es logisch, dass Menschen mich ablehnen, auch bei dem, was ich tue. Es gibt manche Menschen, die Finanzdienstleister, Coaches oder Anlageberater ablehnen – da kann ich nicht viel daran ändern. Doch die Frage ist, ob ich mich davon abhängig mache, wer ich bin. Am Anfang habe ich das definitiv getan. Ich denke, dass dann mein Umfeld eher *mich* erschafft als ich mein Umfeld. Ich will jedoch lieber mein Umfeld erschaffen als umgekehrt. Deshalb muss ich es nicht genauso sehen und schon gar nicht persönlich nehmen.

Mir fallen sehr viele Dinge ein, für die ich gerne abgelehnt werde. Wenn jemand sagt: »Ich will nicht mit Freunden zusammenarbeiten«, ist das vollkommen okay. Ich zeige ihm natürlich die Vor- und Nachteile auf, mit Freunden zusammenzuarbeiten. Doch wenn er das ablehnt, ist es legitim. Ich kann viele Gründe verstehen, warum er nicht mit Freunden zusammenarbeiten will. Doch deshalb muss ich es nicht persönlich nehmen.

Viele Menschen können nicht verstehen, wie es Spaß machen kann, in einer Branche wie der Finanzbranche zu arbeiten und sagen: »Wie kannst du nur dort arbeiten?« Wenn ich überzeugt bin, dass ich ein Produkt habe, das wirklich einen Mehrwert bietet, dann ist die Frage, ob ich mich jetzt einfach nur von dem Außen erschaffen lasse oder ich mein Außen erschaffe durch das, was ich bin und durch das, für was ich stehe. Dazu muss ich das Produkt gut geprüft haben und mir auch Kritik an dem Produkt anhören und darauf eingehen. Wenn mich allerdings jemand nur ablehnt, weil ich in der Finanzbranche arbeite und nicht einmal den Gedanken zulässt, dass es auch Vorteile haben kann, wenn ihn ein Finanzdienstleister zu seinem Vorteil berät, dann ist die Frage, welche Konsequenzen es für mich hat. Hat es dann für mich die Konsequenz, dass ich aufhöre oder gar nicht erst starte oder Zweifel habe? Es gibt misstrauische Menschen, die glauben anderen Menschen nicht, dass sie auch etwas Gutes für sie wollen. Doch soll ich mich davon beeinflussen lassen? Das würde ja bedeuten, dass ich die Haltung hätte, dass jeder Finanzdienstleister mir etwas Böses will und keiner mir etwas Gutes will. Wenn ich mich davon beeinflussen lasse, lasse ich mich von etwas total Negativem beeinflussen. Die Frage ist, ob ich das für mein Leben möchte. Ich habe für mich ganz klar die Entscheidung getroffen, dass ich das nicht will.

Ratschläge von den für mich passenden Menschen

Es hat auch etwas mit Charakter zu tun, von den Menschen Empfehlungen anzunehmen, die wirklich Ahnung von einem Thema haben. Immer wieder treffe ich auf Menschen, die sich selbstständig machen wollen und Angestellte um Rat fragen. Auch meine Mutter hatte damals viele Ratschläge, als ich mich selbstständig machen wollte. Ich kann allerdings selbst entscheiden, welche Ratschläge ich annehme und welche nicht. Bei manchen Ratschlägen, die sie mir gab, konnte sie nicht aus ihrer Erfahrung sprechen. Ebenso gaben mir ganz viele andere Angestellte Ratschläge. Doch immer häufiger hörte ich die Äußerung: »Das klappt doch sowieso nicht, das wird nicht funktionieren.« Hier Charakter zu zeigen und sich durch diese Äußerungen nicht entmutigen zu lassen, sondern sein Vorhaben zu verwirklichen, ist nicht immer einfach. Schon der deutsche Philosoph und Schriftsteller Max Stirner, der eigentlich Johann Caspar Schmidt hieß, sagte: »Jeder Mensch wird als Original geboren, doch die meisten sterben als Kopie.« Das bedeutet: Ich muss schauen, was *ich* will und nicht, was *andere* von mir wollen.

Ich wollte kein Angestellter sein, sondern selbstständig. Deshalb kann ich umgekehrt keinem Angestellten Ratschläge zum Angestelltendasein geben, da ich mein ganzes Leben selbstständig war. Angenommen, du bist pleite in der Selbstständigkeit und ein Angestellter bewertet dich. Er wird vielleicht sagen: »Das habe ich ja gleich gesagt. Selbstständigkeit ist viel zu riskant.« Ein Selbstständiger sagt vielleicht: »Ja, das war ich auch mal. Das ist ein vorübergehender Zustand.« Ich hatte aus meiner Beihnahe-Pleite und den Fehlern, die ich gemacht hatte, am meisten gelernt. Somit ist es okay, die Meinung der anderen zwar anzuhören, doch auch zu schauen, was das mit deiner Charakterbildung macht. Wir sind in einem permanenten Prozess der Charakterbildung.

Ein weiteres Beispiel: Ich halte Online-Vorträge für ein Vertriebsunternehmen von insgesamt über 1.500 Vertriebspartnern. In diesen Vorträgen sind meist 20 bis 50 Leute. Objektiv gesehen müsste ich Angst haben und mich fragen: Werden sie mich mögen? Werden sie mich gut finden? Wenn sie mich dann nicht mögen, bin ich ein schlechter Dienstleister für mein Team, denn ich bekomme eine Umsatzbeteiligung an meinem Team. Wenn ich in einem Vortrag keine gute Leistung bringe, bekommt mein Team keinen Mehrwert. Infolgedessen könnte mein Team keine Lust mehr haben, seine Leute zu meinen Vorträgen zu schicken und könnte mich verlassen, wenn mir das häufiger passiert. Dann könnten sie sagen: »Was für ein unfähiger Mentor.« Diese Angst könnte ich haben. Stattdessen zeige ich Charakter und sage den Menschen sogar vor dem Vortrag, dass ich Respekt habe vor dem Vortrag.

Daraufhin löse ich das auf und sage: »Dann habe ich mir die Frage gestellt: ›Um wen geht es denn heute in dem Vortrag? Geht es in dem Vortrag um mich? Oder geht es in dem Vortrag um euch?‹« Und jetzt kann ich sagen, dass ich Respekt davor habe, eine gute Performance abzugeben und alle abzuholen. Ich sage aber auch zu Beginn des Vortrags: »Das werde ich nicht schaffen, alle abzuholen.« Egal, wie gut ich referiere, selbst der beste Referent auf der Welt wird nicht alle seine Zuhörer überzeugen und begeistern können. Das ist vollkommen in Ordnung. Bevor ich meinen Vortrag starte, sage ich: »Wenn jetzt jemand von euch beispielsweise bewertet, dass ein Unternehmen nicht seriös sein kann oder schwach ist, wenn an seiner Spitze jemand steht, der Angst davor hat, wie er ankommt bei den Menschen, dann ist das okay. Doch seid mir dann bitte nicht böse, wenn ich mit diesen Menschen nicht zusammenarbeiten will. Für mich ist die größte Form von Stärke, über seine Schwächen zu sprechen. Wenn mich jemand deshalb ablehnt, ist das in Ordnung.«

Den für mich passenden Umgang mit Ablehnung finden

Mittlerweile habe ich den für mich passenden Umgang mit Ablehnung gefunden, denn nur wer abgelehnt wird, kann auch jemanden anziehen. Das ist mein Transformationsprozess. Wenn jemand nach einem Vortrag über mich sagt: »Das ist aber ein schwacher Referent, der Ängste hat am Anfang« und er deshalb nicht bei uns Vertriebspartner wird, ist es okay, denn ihn will ich gar nicht in meinem Team haben. Wenn ich für nichts stehe, kann ich auch niemanden anziehen.

Ich bin dann nur neutral. Das wäre wie ein Magnetpol, der nicht geladen ist und somit nichts anzieht. Ich will jedoch für etwas stehen, das Menschen anzieht. Es stößt aber auch wiederum andere Menschen ab. Das ist total in Ordnung. Deshalb ist Charakterbildung extrem bedeutend. Es ist wichtig, sich Feedback anzuhören, doch darfst du irgendwann auch sagen: »Nein, nicht unter diesen Voraussetzungen« – gar nicht im negativen Sinn, denn es gibt kein Richtig und kein Falsch, sondern es gibt einfach Menschen, die passen zueinander und andere nicht.

Vor meinen Vorträgen sage ich auch meist: »Was euch schwerfallen wird am Ende des Vortrages zu sagen, ist: ›Ich konnte überhaupt nichts mitnehmen‹ und ›Der Referent hat nicht alles gegeben. Er war nicht engagiert bei der Sache.‹« Dieses Feedback möchte ich selbstverständlich nicht erhalten. Das würde mich schon stören. Es gibt natürlich auch anderes Feedback, das mich stört, beispielsweise, dass mein Vortrag nicht strukturiert genug war. Das nehme ich mir dann zu Herzen und versuche, es zu ändern. Die schlimmste Kritik für mich wäre, wenn jemand nach dem Vortrag sagen würde: »Ich konnte nichts mitnehmen bei Marc. Überhaupt nichts.«

In meinen Vortrag baue ich oft das Thema Dankbarkeit ein (s. auch unter Dankbarkeit). Ich frage mein Publikum: »Wann hast du das letzte Mal deiner Mutter gesagt, wie dankbar du bist, dass sie deine Mama ist? Wann hast du das letzte Mal deiner Mutter gesagt, dass du sie liebst? Wann hast du das letzte Mal deiner Freundin ernst gemeint gesagt, dass du sie liebst und dankbar bist, dass du sie als deine Lebenspartnerin hast?«

Ich weiß, dass sich viele Zuhörer im Vortrag denken: »Stimmt. Das habe ich schon lange nicht mehr getan.« Ich rede nicht von »ich hab dich lieb« unter eine Nachricht geschrieben, sondern wirklich face-to-face: »Danke für die Kindheit, die ich hatte, Mama.« Ich weiß, dass es die Mehrzahl der Leute nicht macht. Und dann sage ich noch: »Selbst wenn ihr diese anderthalb Stunden als komplette Zeitverschwendung betrachtet und ihr sagt eurer Mama aber morgen: ›Danke Mama, dass es dich gibt‹, dürft ihr selbst bewerten, ob der Vortrag gar keinen Vorteil für euch hatte.«

Wenn du Verlustängste hast, ist die einfachste Antwort darauf Dankbarkeit.

Ich denke, dass unsere Ängste dafür sorgen, dass wir qualitativ hochwertig arbeiten und dass sie dafür sorgen, dass wir ein guter Mensch sind und uns dabei helfen, unseren Charakter zu bilden, weil wir wissen, für was wir stehen wollen und für was nicht. Für mich ist Charakterbildung ohne Ängste unmöglich. Ich bin dankbar für die Angst, Menschen bei einem Vortrag keinen Mehrwert zu bieten. Ich denke, dass ich gerade durch diese Angst sehr genau darauf achte, Menschen einen Mehrwert durch meinen Vortrag zu bieten. Als Lösung schreibe ich mir bei Ängsten immer alles auf, was mich blockiert. Dadurch weiß ich, wie ich mich verhalten muss. In letzter Konsequenz weiß ich, wer ich bin.

Wenn du Kunden sagst, wovor du Angst hast, für was du nicht stehen willst, nehmen sie dich eher als Charakter wahr. In der Beratung fiel mir auf, dass mir meine Kunden in der Regel das nicht als Schwäche, sondern als Stärke ausgelegt haben.

Dankbarkeit

Es kostet nichts, dankbar zu sein, doch es verändert alles. Ich bin dankbar für die Dienstleitung, die wir anbieten. Konkret bin ich dankbar, dass wir wertpapierorientiert investieren, dass wir wissenschaftlich investieren mit deutlich niedrigeren Kosten als die meisten Vermögensverwalter oder Fondsmanager. Wir sind nicht besser oder schlechter, wir kosten allerdings im Schnitt 1,5 % weniger. Das macht einen gewaltigen Unterschied, ob man seine Altersvorsorgelücke schließen kann oder nicht.

Ich bin extrem dankbar, ein Konzept zu haben, mit dem ich es meinem besten Kumpel ermöglichen konnte, sich sein Haus 1,5 Jahre früher zu leisten und einen niedrigeren Kaufpreis dafür zu bezahlen. Er hatte einen Bausparvertrag mit 0,25 Prozent, er spart jetzt seit über 15 Jahren bei mir auch einen höheren Betrag, weil er es verstanden hat und erzielte dabei ca. 8 Prozent Rendite im Durchschnitt, was mehr als das 30-fache ist als bei seinem Bausparvertrag jedes Jahr. Eine Familie, die ich beraten hatte, verfügte über vier Haftpflichtversicherungen, obwohl eine Haftpflichtversicherung gegriffen hätte. Ich bin dankbar, sie darauf aufmerksam gemacht zu haben.

Bei einem Kredit, bei dem jemand in meinem Familienkreis einen Schufaeintrag hatte, erreichten wir es, trotz Schufaeintrag umzuschulden. Wir hatten eine dreistellige Anzahl von Banken angefragt, so dass er sich monatlich 800 Euro an Zinsen über die letzten zwölf Jahre einsparte, denn mit einem Schufaeintrag ist es nicht so einfach, einen Kredit zu bekommen. Hierfür brauchst du einen Dienstleister, der sich einsetzt.

In Spanien kaufte ich mir ein Mofa und stellte montags den Antrag auf Versicherung. Am Dienstag erhielt ich die Police und konnte am gleichen Tag das Mofa nutzen. Welcher andere Dienstleister kann das?

Mein Bruder, der 13 Jahre älter ist als ich, ließ sich von einer Vermögensberatung beraten. Dort wurden alle fünf Jahre die Verträge gekündigt und neu aufgelegt. Er hatte mit über 40 Jahren weniger Geld in seiner Altersvorsorge, als er eingezahlt hatte. Das konnte ich deutlich verbessern, und dafür bin ich unglaublich dankbar, eine solche Dienstleistung anzubieten.

Meiner Mutter wurde Anfang 2008 empfohlen, ihr gesamtes Erspartes als Witwe mit Kind im Studium in ein einzelnes Wertpapier zu investieren. 2008 war eines der schlechtesten Börsenjahre. Danach baute ich meiner Mutter ein breit gestreutes Portfolio mit festverzinslichen Wertpapieren und Aktien auf, bei dem sie viel mehr davon hatte als von einer Investition in ein einzelnes Wertpapier. Darauf bin ich stolz.

Im Schwimmbad erzählte ein Freund meiner Mutter, dass er ein Haus verkauft habe, weil er keine Lust mehr gehabt habe, sich mit den Mietern herumzuschlagen und er jetzt Geld auf dem Konto liegen habe und kaum Prozente dafür bekomme – nahezu null. Meine Mutter teilte ihm mit, dass sie bei mir auch Geld investiert hat und ohne große Schwankungen 4 Prozent erwirtschaftet. Sie fragte ihn, wie viel Geld er auf dem Konto liegen habe. Es waren 500.000 Euro. Meine Mutter meinte nur: »Das wären ja 20.000 Euro Zinsen im Jahr.« »Wie macht das Marc?« fragte der Freund. Meine Mutter sagte ganz locker: »Ich weiß nicht, wie er es gemacht hat. Er hat das studiert.« Danach gab sie ihm meine Visitenkarte.

Ich baute mir einen vierstelligen Kundenstamm auf, und 80 Prozent meiner Vertriebspartner gewann ich über das Thema Beratung. Mittlerweile haben wir über 30.000 Kunden in meinem Team. Ich bin mir sicher, dass wir das deshalb schaffen konnten, weil wir eine so gute Dienstleistung anbieten.

Das Gute kommt zurück

Ich bin überzeugt davon, dass das Gute, das du für andere tust, zurückkommt. Außerdem machst du dich deutlich weniger angreifbar, als wenn du sagst: »Wir sind so toll« – wie bei einer QVC-Sendung –, sondern: »Ich bin dankbar dafür, was ich bei anderen verbessern konnte.« Wenn ich in Dankbarkeit kommuniziere, fällt es den Menschen in meinem Umfeld deutlich leichter, das Ganze anzunehmen. Dann ist die Wahrscheinlichkeit deutlich geringer, dass mir Menschen bei Dingen, die ich als positiv hervorstelle, Arroganz, Überheblichkeit oder Verkaufsdruck unterstellen.

Meine Mutter vertraute ihrem Banker, den sie seit 25 oder 30 Jahren kannte, logischerweise mehr als mir, dem Studenten. Ich wusste schon in den ersten drei Semestern, dass es nicht sinnvoll ist, alles Ersparte in ein einzelnes Wertpapier zu investieren. Doch meine Mutter fragte mich nicht um Rat, obwohl ich das Ganze studiert hatte und sogar als Übungsleiter für Finanzmathematik und Mathematik Analysis arbeiten durfte. Im Nachhinein konnte ich das nachvollziehen, denn normalerweise vertrauen die Menschen ihr Geld eher jemandem an, der 25 oder 30 Jahre Berufserfahrung hat als dem Kind, das studiert. Es hatte mich extrem verunsichert, dass sie mich nicht um Rat fragte. Ich dachte: »Warum nimmt mich meine Mutter nicht ernst?« Ich hatte nicht die nötige Sichtweise darauf, dass sie lieber jemanden mit langjähriger Berufserfahrung kontaktierte, der offensichtlich weniger Ahnung hatte als ich in den ersten Semestern meines BWL-Studiums.

Ich versuchte häufig, meine Unsicherheit mit künstlicher Arroganz zu kaschieren. Seitdem ich allerdings darüber berichte, was ich bei Kunden besser machen konnte und wofür ich dankbar bin, stieg die Annahmebereitschaft deutlich und die Einwände reduzierten sich stark.

Dankbarkeit ist ein positives Gefühl, das unglaublich mächtig ist. Mit der Dankbarkeit kannst du aus Niederlagen Siege machen, aus Traurigkeit Freude und noch vieles mehr. Dankbarkeit funktioniert wie ein

Muskel. Je häufiger du ihn trainierst, desto stärker wird er. Das bedeutet: Je häufiger du dankbar bist, desto leichter fällt es dir, dankbar zu sein. Fokussiere dich auf das, wofür du in der jeweiligen Situation dankbar bist. Was Dankbarkeit genau in deinem Gehirn macht, darüber ist sich die Wissenschaft noch nicht einig. Jedoch sind sich alle einig, dass es sehr positiv für die Einstellung ist. Ganz egal, in welcher Situation du dich befindest, du kannst stärker aus ihr hervorkommen.

Wenn du dich bei jemandem bedankst, sagt der andere oft: »Ach, das war doch eine Kleinigkeit. Das ist doch nicht nötig, dass du dich bei mir bedankst.« Damit geht die komplette Energie der Dankbarkeit verloren. Ich hatte das auch mit meiner Mutter thematisiert. Ich bedanke mich sehr gerne bei meiner Mutter. Indem sie sagt: »Das ist nicht nötig, dass du dich bei mir bedankst«, möchte sie zum Ausdruck bringen, dass sie das gern für mich tut. Damit lässt sie die Energie der Dankbarkeit trotzdem ins Leere laufen. Die richtige Reaktion darauf ist total einfach. Sie kann sagen: »Gern geschehen. Das habe ich gern für dich gemacht.« Damit nimmt sie die komplette Energie der Dankbarkeit auf. Ich liebe den Energieaustausch und mit mehr Energie kann auch mehr bewegt werden. Daher nehme ich die Dankbarkeit anderer mit Freude an.

Aufgrund der Todesfälle hatte ich große Angst, dass meinen Kindern etwas passiert. Wenn ich mich in diesen negativen Gedanken verliere, ist es das Einfachste, mich zu meinen Kindern ins Bett zu kuscheln oder wenn sie wach sind, sie ganz fest in den Arm zu nehmen und mich zu bedanken, dass ich sie habe – am besten direkt bei ihnen. Nach oben schauen und sich dort bedanken, kann man gerne auch tun, doch ich glaube, dass es sehr sinnvoll ist, den Kindern zu sagen: »Danke, dass es dich gibt, danke, dass du meine Tochter, mein Sohn bist« und es nicht nur für sich oder nach oben zu kommunizieren, sondern gleichzeitig auch zu dem Menschen, den es betrifft.

Ich mag das Zitat des englischen Philosophen Francis Bacon: »Nicht die Glücklichen sind dankbar. Es sind die Dankbaren, die glücklich sind.«

Demut

Was bedeutet für mich Demut als Dienstleister? Es bedeutet, den Mut haben zu dienen. Ich dachte damals immer, ich muss mit hohlen Vertriebsphrasen und schlauen Sprüchen die Leute überzeugen, doch das kam alles andere als gut an. Es kam sehr arrogant, sehr überheblich rüber, und ich verstand mich überhaupt nicht als Dienstleister. Als hochnäsiger BWL-Student der Uni Mannheim sah ich Dienstleistung, bzw. Verkauf als etwas Negatives, doch merkte ich, dass Mut dazu gehört, um zu dienen. Ich begriff, dass ich nicht nur im geschäftlichen Bereich Dienstleister bin für meine Kunden, meine Partner und mein Team, sondern auch für meine Familie und Freunde. Das sagt viel mehr über mich als Mensch aus, als mich hinter einer Wand von Ego und Überheblichkeit zu verstecken, um nur meine Unsicherheit zu kaschieren. Und ich habe tatsächlich den Mut zu dienen. Ich habe auch Demut vor der Karrierechance, die ich hatte und die jetzt auch meine Partner haben. Irgendwann hörte ich auf, mich in den Vordergrund zu stellen, sondern die Karrierechance, denn dann ist es für andere Menschen viel einfacher, etwas anzunehmen, als wenn ich mich in den Vordergrund stelle.

Nach meinem Bachelor hätte ich den Master gemacht und wäre aus Sicherheitsgründen in einen Großkonzern gegangen. Niemals hätte ich mir Gedanken darüber gemacht, mich selbstständig zu machen. Heute bin ich unendlich dankbar, dass ich es getan habe. Dieser Schritt brachte mir nicht nur finanzielle Sicherheit und Freiheit für mich und meine Familie, sondern auch viele meiner Freunde, Bekannte und Kunden stehen heute durch meine Dienstleistung, bzw. die Karrierechance, finanziell viel besser da. Ich hatte nicht nur die Möglichkeit, mit meinem Team etwas Außergewöhnliches aufzubauen, sondern lernte vor allem durch die Arbeit, wie ich offen und gewaltfrei kommuniziere und wie ich mich offen meinen Emotionen stelle. Dadurch konnte ich die Rückschläge, die ich damals erfahren hatte, viel besser verarbeiten.

Mentees sind auch Mentoren

Viele Vertriebsführungskräfte haben oftmals Probleme, Ratschläge von Menschen aus ihrem Team, von ihren Mentees, anzunehmen und aktiv um Hilfe zu fragen und um Kritik zu bitten, weil sie die Sorge haben, dann als schwach wahrgenommen zu werden. Meiner Meinung nach gehört extrem viel Stärke dazu, von Mentees und von frischen Praktikanten oder Trainees Ratschläge und Feedback anzunehmen. Wir hatten einmal einen Praktikanten, der gerade 18 Jahre alt geworden war und auf seinen Standortleiter zuging und meinte: »Einiges in Marcs Meeting hätte ich anders gemacht, aber das kann ich ihm doch nicht sagen.« Sein Standortleiter erwiderte: »Doch, du kannst immer auf Marc zugehen und das auch in der Gruppe vor den anderen sagen.« Derjenige ist schließlich auf mich zugekommen, ich habe ihn ermutigt, das gerne auch vor der Gruppe zu sagen. Wenn ich vor der Gruppe das Feedback von einem 18-Jährigen nicht annehmen kann, bin ich dann eher stärker oder schwächer? Meiner Meinung nach bin ich dann deutlich schwächer. Wenn mir mein Team keine Kritik äußert, fällt es mir deutlich schwerer, mich zu verbessern. Meine Mentees unterstützen mich sehr dabei, mit Offenheit meine Probleme zu lösen. Mit gewaltfreier Kommunikation können sie mir und ich ihnen am besten Kritik äußern (s. auch unter Gewaltfreie Kommunikation).

Abends habe ich keine Rechnungen offen mit Menschen aus dem Team, mit Freunden, der Familie oder generell mit Menschen, die mir wichtig sind. Auch sonst nichts, sodass ich mich abends einfach umdrehen und einschlafen kann. Darauf bin ich sehr stolz, und ich bin demütig vor dem Engagement meiner Mentoren, allen voran Marcel Spinnler. Was er für mich leistet, ist unglaublich. Ohne ihn hätte ich ein ganz anderes Leben. Ich hätte nicht die Möglichkeit, mit einer Arbeit als Betriebswirt privaten Haushalten solch einen Mehrwert zu bieten. Ich hätte nicht die Möglichkeit, mit Freunden zusammenzuarbeiten. Außerdem hätte ich nicht die Persönlichkeit entwickelt, die ich heute habe. Ich bin unfassbar dankbar, dass mir Marcel diese Karrierechance angeboten hat.

Ohne Marcel hätte ich es niemals geschafft, über 1.000 Vertriebspartner aufzubauen. Ich hätte es auch ohne mein Team, das mich unterstützt, nicht geschafft, denn mittlerweile betrachte ich meine Mentees auch als Mentoren. Ich denke, dass Demut in unserer Gesellschaft, besonders in unserer Branche, ein Begriff ist, über den du mehr nachdenken darfst. Ein demütig handelnder Mensch ist auf jeden Fall mutiger und stärker, als ein Mensch, der sein Ego oder seine Überheblichkeit als Schutzschild benutzt, um seine eigene Unsicherheit zu kaschieren.

Einfachheit

Es ist einfach, dreimal in der Woche Sport zu machen. Es ist einfach, in einer Woche fünfmal in den Sport zu gehen, trotzdem macht es fast niemand. Es ist wichtig, die Sichtweise anzunehmen: Ich entscheide, ob etwas einfach ist oder nicht.

Einer meiner Vertriebspartner, ein Bodybuilder, sagte zu mir, dass es für ihn schwierig sei, ein Team aufzubauen und zu vergrößern, weil er dort von Menschen abhängig sei. Das liege nicht in seiner Hand. Er spürte ein Abhängigkeitsgefühl und war der Meinung, dass es beim Sport einfach sei, weil er alles selbst in der Hand habe.

Ich machte ihm klar, dass es auf den Standpunkt ankommt, den er einnimmt, und das brachte ihn dazu, wieder ans Ruder zu kommen, was auch sein Team betrifft. Ich fragte ihn: »Warum findest du es einfach, mehrmals pro Woche ins Fitnessstudio zu gehen?« Er antwortete: »Da habe ich alles selbst in der Hand.« Ich erwiderte: »Das ist *dein* Standpunkt.« Ich stehe zum Beispiel auf dem Standpunkt, dass ich bei meinem Team alles selbst in der Hand habe. Ich will nicht darauf hinaus, dass ein Standpunkt richtig oder falsch ist. Es ist nur die Frage, welchen Standpunkt ich einnehme. Ich nannte ihm mehrere Einwände, warum es viele Menschen morgens nicht um 7 Uhr ins Fitnessstudio schaffen. Einwände waren z. B.: So früh bin ich noch müde, dann bin ich den ganzen Tag über ineffizient. Dann kann ich nicht mehr richtig performen, habe schlechte Laune, das geht doch nicht etc.

Es gibt immer eine Antwort, warum es doch funktioniert. Diese Antwort kannst du auch in deinem Businesskontext haben, indem du sagst: Es geht ja doch. Wenn du sagst, du bist abhängig von deinen Vertriebspartnern, sage ich: Ich kann entweder meinen Umgang mit den Vertriebspartnern verändern oder mir zusätzliche Vertriebspartner für mein Team rekrutieren oder mich von Vertriebspartnern trennen.

Manche Menschen sind im Fitnessbereich nicht so krass erfolgreich wie du: Sie kommen irgendwann an eine Grenze und sind dann nicht mehr bereit weiterzugehen. Du sagst stattdessen: Das ist kein Problem weiterzugehen. Genauso gibt es im geschäftlichen Kontext immer die Möglichkeit weiterzugehen. So, wie dein Fitnessstudio zumachen kann und du dir ein neues suchst, kann ich mir auch einen neuen Vertriebspartner oder einen neuen Kunden suchen. Es ist einfach nur die unterschiedliche Betrachtungsweise.

Nach Lösungen suchen

Für meinen Vertriebspartner ist etwas total einfach, was für 99 Prozent der Menschen nicht einfach, ja sogar unmöglich ist. Für mich ist es einfach, mein Team aufzubauen. Es gibt kein Richtig und Falsch, sondern eher: Passt etwas zu mir oder nicht. Mein Vertriebspartner hatte schließlich verstanden: Wenn mein Fitnessstudio zumacht, dann suche ich mir ein anderes. Wenn mein Vertriebspartner »zumacht«, dann suche ich mir einen anderen. Das soll allerdings nicht heißen, dass ich gleich aufgebe, wenn etwas nicht funktioniert. Im Gegenteil: Ich suche nach Lösungen.

Es ist ein Standpunkt, ob etwas einfach ist oder komplex. Genauso ist es auch bei Emotionen. Ich kann Emotionen komplex sehen, ich kann sie aber auch einfach sehen. Das heißt nicht, dass ich der Heilsbringer bin, der seine Emotionen immer total einfach sieht. Ganz und gar nicht. Ich habe jedes Mal Konflikte mit mir selbst, denn diese Komplexität und diese Einfachheit bestehen permanent nebeneinander. Deshalb suchen sich die meisten guten Coaches selbst einen Coach – auch ich. Die meisten Therapeuten haben einen Therapeuten. Die meisten Anwälte lassen sich von einem anderen Anwalt beraten. Finanzberater haben am besten einen eigenen Finanzberater.

Wir sind schnell dabei, Menschen, die in einer Beziehung leben oder sich trennen, neunmalkluge Ratschläge zu geben und sich dann zu denken: »So kannst du dich doch in deiner Beziehung nicht verhalten.« Wir beginnen schnell, Dinge zu beurteilen oder zu verurteilen. Ich selbst habe mich früher auch über die Beziehungen anderer Leute ausgelassen und ihnen vermeintlich gute Ratschläge gegeben. Übrigens: Das Wort Ratschlag beinhaltet das Wort Schlag (s. auch unter Urteil).

Es ist immer einfacher, anderen Ratschläge zu geben, anstatt diese auf sich selbst zu beziehen. Häufig erkenne ich Dinge bei anderen, bei denen mir ganz klar ist, wie sie sich am besten verhalten sollten. Doch bei mir selbst schaffte ich das häufig nicht und machte oft die gleichen Fehler, die ich bei jemand anderem als total einfach erkannte, sie zu verhindern. Es kann sehr mächtig sein, wenn wir bei unserer eigenen Beziehung überlegen, wie wir einen Ratschlag einem Dritten geben würden. Das ist eine ganz schwierige Transferleistung, kann jedoch enorm helfen.

Empathie

Empathie wird definiert als die Fähigkeit, die Situation eines Menschen nachzuempfinden. Mit dem Ziel, dessen Gefühle und Sichtweisen zu verstehen und eigene Handlungen auf dieses Verstehen abzustimmen.

Meiner Meinung nach zeichnet einen guten Menschen nicht aus, wie viele gute Aussagen er trifft, sondern wie viele gute Fragen er stellt (s. auch unter Fragen). Bei mir startet ein geschäftliches Gespräch mit vielen Fragen: Welche Wünsche hast du für das heutige Gespräch? Was erwartest du von einem Finanzberater? Welche Erfahrungen hast du mit deinen bisherigen Finanzberatern gemacht? Welche finanziellen Ziele hast du? Was ist der Grund, warum du heute hier bist? Was war gut an deiner Finanzberatung, was würdest du gerne verändert wissen? Hast du deinen Berater schon mal weiterempfohlen? Wenn ja, warum, wenn nein, warum nicht? Meine Vertriebspartner frage ich: Was ist dein größtes Lebensziel? Welche Ängste beschäftigen dich? Was möchtest du an deiner aktuellen Situation verändern? Was macht dich glücklich?

Indem ich meinem Gegenüber viele Fragen stelle, kann ich mich viel besser in es hineinversetzen und seine Gefühle verstehen, also empathisch sein.

Ich sammelte sehr viele positive Erfahrungen damit, wenn mein Redeanteil niedriger ist als der meines Gegenübers und ich den Menschen mehr Fragen stelle. Genau das findet sich in dem Song »Growing up« von Macklemore & Ryan Lewis. Dort heißt es: »The quickest way to happiness? Learning to be selfless. Ask more questions, talk about yourself less.«

Entscheidung

Viele Menschen haben Probleme damit, Entscheidungen zu treffen. Diese Erfahrung machte ich jedenfalls. Der häufigste Grund: Sie haben Angst, eine falsche Entscheidung zu treffen, also Angst, einen Fehler zu machen. Was ist so schlimm an einem Fehler? Aus einem Fehler kannst du immer lernen. Mir gefällt, was Ed Sheeran sagt: »You don't learn from success, you learn everything from the failures.« Wenn du für andere Menschen verantwortlich bist, hast du sogar den Vorteil, dass nicht nur du aus dem Fehler lernst, sondern auch deine Mitarbeiter und Vertriebspartner. Es hat genau genommen Vorteile, Fehler zu machen, denn wenn du deinem Team sagst, dass du selbst einen Fehler gemacht hast, können das die anderen viel leichter und besser annehmen und selbst etwas daraus lernen. Mein Team lernt also mehr daraus und hört mehr auf mich, wenn ich sage, dass ich einen Fehler gemacht habe, als wenn ich sage, was ich alles richtig gemacht habe. Deshalb ist es doppelt schön für mich, dass ich nicht nur selbst aus meinen eigenen Fehlern lerne, sondern dass auch andere aus meinen Fehlern lernen können.

Generell haben Menschen in der Arbeit und auch viele unserer Berater Sorge, Fehler zu machen. In meinen Beratungen frage ich häufig meine Kunden: »Glaubst du, dass es Menschen gibt, die ihren Job fehlerfrei ausführen können?« In knapp 99 von 100 Fällen, kam die Antwort: »Nein, ich glaube nicht, dass man einen Job fehlerfrei ausführen kann.« Bei der einen Person von 100, die sagt: »Ja, man kann seinen Job fehlerfrei ausüben«, bin ich mir nicht sicher, ob ich diesen Menschen überhaupt als Kunden haben will. Ich glaube, dann bin ich der falsche Berater für ihn, denn ich kann ihm nicht garantieren, dass ich die nächsten 40 Jahre keinen Fehler mache. Das würde ich ihm sagen.

An den, der nicht glaubt, dass man seinen Job fehlerfrei ausführen kann, richte ich die nächste Frage: »Glaubst du, dass jemand in der

Finanzdienstleistungs-Branche seinen Job fehlerfrei ausüben kann?« Ich stelle diese Dopplungsfrage bewusst, damit er versteht, dass es mir wichtig ist. Die nächste Frage ist: »Glaubst du, dass andere Menschen in der Finanzdienstleistungs-Branche offen darüber sprechen, wenn sie einen Fehler machen?« Sehr häufig kommt leider die Antwort: »Nein.«

Danach sage ich normalerweise zu meinem Kunden: »Ich kann dir versprechen, dass ich mir immer Mühe geben werde, das Beste zu erreichen, doch ich kann definitiv nicht versprechen, dass ich keine Fehler machen werde. Was ich dir versprechen kann, ist, dass wenn ich einen Fehler mache, als erstes offen mit dir darüber spreche und alles in meiner Macht Stehende tun werde, gemeinsam mit dir eine Lösung zu finden. Wenn das einen Wert für dich hat, kann ich ein sehr guter Berater und Ansprechpartner für dich sein.« Durch diese Einleitung konnte ich zu den Menschen direkt am Anfang eine Verbindung aufbauen, weil ich das Thema Fehler machen nicht als Angst, sondern als Respekt davor benutzt habe.

Gute Fehlerkultur aufbauen

In meinen Augen heißt das nicht, dass du Entscheidungen unüberlegt treffen sollst. Du darfst dir jedoch bewusst sein, dass jede Entscheidung Vor- und Nachteile hat. Es macht Sinn, auch wichtige Entscheidungen zu durchdenken. Mir ist jedoch aufgefallen, dass, wenn ich eine Entscheidung lange genug durchdacht habe und dann feststelle, dass sich die Vor- und Nachteile die Waage halten, ich diese Entscheidung auch würfeln kann. Viele Menschen treffen leider auch dann keine Entscheidung, sondern schieben sie vor sich her.

Sehr gute Erfahrungen machte ich damit, mehr Entscheidungen zu treffen, denn je mehr Entscheidungen du triffst, desto mehr kannst du aus ihnen lernen. Anstatt eine Entscheidung vor sich herzuschieben, ist es besser, eine Entscheidung zu treffen und eine gute Fehlerkultur für sich selbst und sein Umfeld aufzubauen. Ich verurteile keinen, der Fehler macht, weil er zu schnelle Entscheidungen trifft. Wichtig ist dennoch, bei wichtigen Entscheidungen die Vor- und Nachteile abzuwägen oder die Menschen in seinem engsten Umfeld um Rat zu fragen. Doch wenn am Ende alles klar ist, darfst du auch den Mut haben, die Entscheidung zu treffen.

Es lässt sich nicht pauschalisieren, doch ich neige dazu, lieber schnell eine Entscheidung zu treffen, als sie ewig vor mir herzuschieben, um mir die Angst zu nehmen, Entscheidungen zu treffen. Wer nie eine Entscheidung trifft, lebt meiner Meinung nach nicht, sondern existiert nur. Diese Person macht zwar nie etwas falsch, macht aber auch nie etwas richtig, wenn sie keine Entscheidung trifft – und sie lernt auch nichts. Außerdem hat sie keine Chance, etwas richtig zu machen, da sie nicht mitspielt. Fehler sorgen dafür, dass du lernst. Die Summe deiner Fehler und die Summe dessen, was du daraus lernst, bedeutet Erfolg.

Wie sollst du lernen, ohne Fehler zu machen? Wie sollst du lernen, ohne Entscheidungen zu treffen? Viele Entscheidungen lassen sich auch in Sicherheit treffen, wenn du Dinge erst einmal parallel ausprobierst, z. B. wenn du dich neben deinem festen Job als Angestellter mit einem anderen Business selbstständig machst und es irgendwann zu deinem Hauptjob wird. Wenn du schwach darin bist, Entscheidungen zu treffen, ist das keine Schwäche, sondern du hast Angst davor, Fehler zu machen. Das ist die Auflösung.

Du kannst antreten und verlieren und immer wieder verlieren. Tritt doch an! Meine Tochter wollte einmal nicht spielen, weil sie Angst hatte zu verlieren. Ich sagte zu ihr: »Es ist nicht schlimm, wenn du verlierst. Wenn du verlierst, lernst du etwas daraus. Es ist doch auch schön, wenn die anderen gewinnen. Nicht mitzuspielen, ist blöder als mitzuspielen.«

Es gibt auch genügend Menschen, denen beim Treffen von Entscheidungen ihr eigener Perfektionismus im Weg steht. Perfektionismus ist eigentlich unlogisch. Perfektionismus bedeutet, ich will keine Fehler machen, weil ich perfekt sein will. Das macht keinen Sinn, denn ich kann nichts ohne Fehler machen. Ich kann nicht Fahrrad fahren, ohne einen Fehler zu machen. Ich kann nicht laufen, ohne einen Fehler zu machen. Ich muss sogar Fehler machen, weil ich aus Fehlern lerne. Wir haben eine komplett falsche Haltung, besonders durch das Schulnotensystem. Da gibt es immer nur Belohnung und Bestrafung, gute Note, schlechte Note. Dieses System legt keinen Wert auf intrinsische Motivation. Du traust dich oft nicht, etwas auszuprobieren. Perfektionismus sorgt für Stillstand. Du brauchst eine positive Geisteshaltung zum Thema Fehler, weil du aus Fehlern lernst. Meine wichtigsten Entwicklungsschritte erreichte ich dadurch, dass ich Fehler machte.

Doch leider gibt es in Deutschland eine Fehlerkultur, nach der Fehler schlecht und böse sind. Wir dürfen keine Fehler machen, heißt es oftmals. Insbesondere Selbstständige, Wissenschaftler und Erfinder sprechen ganz häufig davon, was sie alles falsch gemacht haben, bevor sie etwas richtig gemacht haben. Dazu gehört Mut.

Feedback

Feedback ist ein Geschenk. Du kannst es entweder annehmen oder nicht. Ich selbst bin offen für Kritik und Feedback. Als ich vor meinen Vorträgen mein Publikum aufforderte, mir nach meinem Vortrag Feedback zu geben, spürte ich am Anfang direkt diese Angst in mir hochkommen: Oh je, dann bin ich auf dem Präsentierteller. Dann werden die Leute mich kritisieren, dann werden sie etwas Schlechtes über mich sagen etc. Hier spricht die negative Variante meines Egos aus mir, die sagt: »Ich darf nicht angegriffen werden.« Dieser Schutzmechanismus ist bis zu einem gewissen Grad sicherlich gut.

Als mich ein Vertriebspartner kritisierte, nahm ich automatisch den Verteidigungs- und Rechtfertigungsmodus ein. Er dagegen begrüßte die offene Kommunikation, die ich pflege und sagte: »Marc, da spricht gerade dein Ego aus dir. Es ging mir nicht darum, dir zu sagen, dass du jetzt alles anders machen musst, und du brauchst dich auch nicht zu verteidigen, sondern ich wollte dir einfach nur mein Feedback geben.«

Doch oft wirft uns ein Feedback aus der Bahn, weil wir anderen Menschen zwanghaft gefallen wollen. Diese Emotion ist total natürlich. Das heißt jedoch nicht, dass ich nicht trotzdem Feedback brauche, denn ich will mich verbessern. Es tut auch gut, immer wieder mit seinem Ego konfrontiert zu werden und zu verstehen, dass ich es nicht allen Menschen recht machen kann und es auch nicht möchte.

Wenn ich beispielsweise als Höhepunkt einer Vortragsreihe den Abschlussvortrag halte, sage ich meinen Zuhörern am Anfang, dass ich einen ganz schönen Respekt davor habe, heute den Vortrag zu halten. So nehme ich meine Nervosität zurück. Wir haben so viele tolle Referenten, deren Fähigkeit zu referieren, ich bewundere. Wenn mein Ziel als Abschlussreferent ist, den besten Vortrag zu halten, kann ich nur scheitern. Warum?

Wenn ich der Beste sein möchte, habe ich den Nachteil, dass ich Menschen von mir abhängig mache, denn wenn ich den Anspruch habe, alles selbst zu machen, weil ich es ja am besten mache, dann werde ich keine Häuptlinge nachziehen, sondern nur Lemminge. Wenn ich immer der Beste sein will, fällt es mir deutlich schwerer, anderen die Chance zu geben, ihr Bestes zu zeigen, denn ich nehme das Scheinwerferlicht nur auf mich. Ich muss auch nicht der Beste sein, sondern für mein Team ist es viel wichtiger – egal, ob ich der Beste bin oder nicht –, dass ich aus Erfahrung sprechen und sagen kann, wie Dinge funktionieren und wie sie vor allem auch nicht funktionieren.

Das Beste ist immer auch etwas Subjektives. Die andere Frage ist: Geht es hier gerade um den Vergleich oder nicht? Natürlich habe ich wie die meisten Menschen, die Vorträge halten, den Anspruch, einen guten Vortrag zu halten. Früher hatte ich immer den Anspruch, der Beste zu sein in allem, was mein Unternehmen betraf. Das kann nicht funktionieren. Selbst wenn es objektive Kriterien gäbe, die festlegen, wann ich der Beste bin, kann ich es nicht schaffen, da diese objektiven Kriterien jeder subjektiv festlegt. Um mir den Druck aus diesem Vortrag zu nehmen, hole ich mich aus dem Schussfeld und kommuniziere vollkommen offen, dass es in dem Vortrag nicht um mich geht, sondern um das Publikum. Ich sage weiter: »Ich bin davon überzeugt, dass es am sinnvollsten ist, den Vortrag nach euren Wünschen und Bedürfnissen anzugehen. Welche Fragen habt ihr, wo steht ihr gerade, welche Einwände habt ihr, welche Probleme, welche Ängste habt ihr? Ihr seid der wichtigste Part bei meinem Vortrag.« Wenn ich das als Dienstleister immer so sehe, dass es nicht um mich, sondern um mein Gegenüber geht, habe ich schon viel erreicht. Ich bin davon überzeugt, dass du dich so am besten selbst aufwerten und ein guter Dienstleister sein kannst.

Indem ich von vorneherein den Rahmen setze, dass ich gar nicht jeden erreichen kann, tut es mir nicht so weh, als wenn mir eine andere Person sagt, dass ich nicht jeden erreicht habe. Es ist logisch, dass mich bei einem Vortrag vor 100 Leuten 30 von ihnen nicht positiv sehen oder mich ablehnen. Das ist normal. Doch wenn ich anhand ihrer Wünsche und Bedürfnisse den Vortrag halte und ihnen am Anfang sage, dass ich nicht alle erreiche, ist die Wahrscheinlichkeit höher, dass sie etwas aus meinem Vortrag mitnehmen, als wenn ich es nicht so praktiziere.

Als Unternehmen bieten wir ein Buffet an. Auch in einer Freundschaft oder einer Sportmannschaft bieten wir ein Buffet von verschiedenen Stärken an, aus denen man wählen kann.

Bedingungslose Offenheit

Am Anfang spreche ich von meiner Angst davor, diesen Vortrag zu halten. Wenn jemand sagt, dass ich eine schwache Führungskraft und nicht geeignet sei, ein erfolgreiches Unternehmen zu führen, ist das vollkommen okay. Wenn das wirklich der Standpunkt der Person ist und sie sich von keinem Gegenteil überzeugen lassen will, ist es kein Mensch – das ist nicht böse gemeint –, den ich in meinem Unternehmen haben will. Ich habe viele starke Persönlichkeiten in meinem Team, sonst hätte ich nicht so ein großes Team aufbauen können. Das schaffst du nicht alleine, sondern nur mit starken Weggefährten. Sie sagen, dass meine größte Stärke die bedingungslose Offenheit sei, über meine Schwächen zu sprechen. Doch bei 80 Millionen Menschen in Deutschland wird das nicht jeder als Stärke interpretieren. Auch das ist für mich in Ordnung.

An meinen Vorträgen gibt es sicherlich einige Dinge zu optimieren. Dennoch werden sie nie perfekt sein. Doch ich denke, eines wird Menschen schwerfallen, wenn sie mir Feedback zu meinem Vortrag geben: Sie werden nicht sagen können, dass ich nicht alles gegeben habe. Das vermittle ich auch meinen Kindern. Wenn sie etwas versuchen, dürfen sie selbstverständlich scheitern und Fehler machen. Ich möchte sie einladen, dass sie versuchen, alles zu geben, doch nicht für mich, sondern für sich selbst. Mit alles geben ist nicht verkrampft und anstrengend gemeint, sondern gerne mit Leichtigkeit, dass man einfach mitmacht, mitspielt, vieles ausprobiert und Spaß an Neuem hat. Es ist das Einzige, das wir selbst in der Hand haben, dass wir alles geben können. Manche sind intelligenter, manche haben mehr Talent, manche sind einfach schneller. Ich denke, dass der größte Erfolg darin steckt, wenn wir alles probieren. Dieser Satz überzeugt mich: Fleiß schlägt Talent oder auch: Engagement schlägt Talent. Es würde mich stören, wenn mich jemand dafür kritisieren würde, dass ich nicht genügend Engagement zeige. Wenn du es schaffst, in 80 Prozent der Fälle dieses Feedback *nicht* zu kassieren, hast du schon einiges erreicht.

Auch im Team geht es häufig nicht darum, die Lösung zu finden oder den Kunden für deinen Partner zu gewinnen, sondern darum, dass du dich einsetzt. Es geht auch oftmals nicht darum, im privaten Umfeld die Probleme eines Menschen zu lösen. Das kann er ohnehin nur selbst. Wenn jemand einen Schicksalsschlag hat, ist nicht ausschlaggebend, dass du sein Problem löst, sondern dass du als Freund einfach da bist. In meinen Augen ist ein guter Vater nicht derjenige, der seinen Kindern alle Wünsche erfüllt, ihnen alles kauft und ihnen viel bietet, sondern er ist dann ein guter Vater, wenn er einfach nur da ist. Deshalb habe ich mir eine 3,5-Tage-Woche mit 60 Urlaubstagen pro Jahr ermöglicht, so dass ich viel Zeit bewusst mit meinen Kindern verbringe.

Meine Erfahrung ist, dass offene Kommunikation zurückkommt, wenn ich sie immer wieder praktiziere. Wenn ich neue Vertriebspartner oder neue Menschen kennenlerne und viel von mir preisgebe, lade ich die anderen auch dazu ein. Wenn du viel über deine Schwächen sprichst, wirst du auch mehr über die Schwächen des anderen erfahren. So entsteht Vertrauen. Umgekehrt werden sich die Menschen von dir entfernen, die es als Schwäche interpretieren. Doch die Frage ist: Will ich diese Menschen in meinem Umfeld haben?

Ich sammelte sehr selten schlechte Erfahrungen damit, mich anderen zu öffnen. Es macht in meinen Augen Sinn, andere Menschen auf seine Reise mitzunehmen. Dann bekommst du Feedback. Das kann dir extrem viel bringen. Oftmals werden viele Schnellschüsse gemacht. Wenn es darum geht, sich von Menschen zu distanzieren, sollte ich mir davor die Frage stellen: Wie kann ich andere mit auf meine Reise nehmen?

Ich nenne ein Beispiel aus unserem Vertrieb. Die meisten Menschen, die in Strukturvertrieben ankommen, überzeugen sich drei bis neun Monate lang davon, ob das, was sie tun, gut für sie ist. Einige brauchen weniger Zeit dafür, andere etwas länger. Sind sie davon überzeugt, gehen sie auf ihr Umfeld zu und sagen: »Ich habe etwas ganz Tolles gefunden, das brauchst du jetzt auch.« Auf das Umfeld wirkt das sehr befremdlich, denn das Umfeld wurde nicht von Anfang an auf die Reise mitgenommen. Du willst sicher auch nicht zu einem Steuerberater gehen, der sich erst seit ein paar Monaten mit Steuern in seiner Ausbildung beschäftigt. Du wolltest dich sicher auch nicht von einem Arzt operieren lassen, der nicht mal das erste Semester bestanden hat.

Mit der Feedbackstrategie mache ich sehr gute Erfahrungen. Wenn jemand bei uns einsteigen will, soll er die fünf bis zehn wichtigsten Personen in seinem Umfeld um ein Feedback bitten. Sie sollen sagen, was sie von unserem Unternehmen halten, von unserer Dienstleistung, von uns als Person und ob diese Tätigkeit zu ihm oder zu ihr passen kann oder nicht.

Ich selbst habe es früher umgekehrt gemacht, denn nachdem ich mich von dem damaligen Unternehmen überzeugt hatte, erzählte ich allen wichtigen Menschen in meinem Umfeld, dass ich jetzt den heiligen Gral habe. Von 30 Menschen gaben mir 27 ein Nein oder ignorierten mich. Die drei Personen, die »Ja« sagten, waren ich selbst, meine Mutter und ein Kumpel, der bei mir 8.000 Euro angelegt hatte. Das war kein wirklicher Erfolg. Zum Glück hatte ich den Mut, die Menschen zu fragen, was ich falsch gemacht habe, auch die, die mir ein Nein gegeben hatten. Hier war es nicht meine Intention, sie nochmal auf anderem Weg zurückzugewinnen, sondern ich wollte wirklich etwas lernen und mich verbessern.

Alle spiegelten mir genau das: Ich sei wie ein Heilsbringer aufgetreten. Es war einfach zu früh. Selbst, wenn ich all das gewusst hätte, was unmöglich ist nach drei bis neun Monaten, wirkt es trotzdem auf andere befremdlich, dass ich in dieser kurzen Zeit sogar operieren kann wie ein Chefarzt. Das hatte ich aufgrund fehlender Empathie nicht gesehen (s. auch unter Empathie).

Viel besser ist es, wenn ich die Leute auf die Reise mitnehme und ich mir vorab ein Feedback von ihnen einhole, bevor ich mit der Tätigkeit starte. Ich teile meinem Umfeld mit, dass ich gerade in Finanzklasse X, Networkmarketingunternehmen Y, Coachingbetrieb Z bin und diesen kritisch überprüfe und sie jetzt um ein Feedback bitten möchte, was sie von dem Unternehmen, von der Dienstleistung halten, außerdem von den Leuten, mit denen ich dort zusammenarbeite, weil ich selbst noch kritisch bin und es nicht alleine einschätzen kann. Außerdem möchte ich ein Feedback dazu, ob der andere mich dort sieht oder nicht.

Befreit Rückmeldung geben

Wenn du also die Menschen bei deiner Entscheidungsfindung auf die Reise mitnimmst und dir das Feedback anhörst und auch zu Herzen nimmst, ist es viel angenehmer für die Leute. Außerdem hast du den Vorteil, dass dich die Menschen viel weniger ignorieren, weil du sie einlädst, dir ein Feedback zu geben. Das heißt nicht, dass du deine Entscheidung ausschließlich von deren Feedback abhängig machen sollst. Doch du beschleunigst deinen Entscheidungsprozess, denn du bist der Durchschnitt der fünf Menschen, mit denen du am meisten Zeit verbringst. Es gibt dabei zwei Möglichkeiten: Dein Umfeld oder die meisten Menschen aus deinem Umfeld begrüßen das Unternehmen und die Menschen, mit denen du arbeitest oder sie begrüßen es nicht. In beiden Fällen kannst du immer noch selbst entscheiden, was du machst. Du kannst überlegen, ob du vielleicht wirklich nur geblendet wurdest von einem Vertriebsunternehmen oder du kannst dort arbeiten, obwohl die meisten aus deinem Umfeld es nicht als vorteilhaft betrachten.

Dein Gegenüber befindet sich nicht in einer zwanghaften Verkaufssituation, er steht also nicht unter Verkaufsdruck und kann dir deshalb befreit Feedback geben. Dieses Feedback kann dir bei deiner Entscheidungsfindung helfen, doch musst du dennoch nicht so entscheiden, wie es dein Umfeld als richtig erachtet. Du entscheidest immer noch selbst.

Wenn Menschen bereits eine Entscheidung getroffen haben für etwas, das ungewöhnlich ist, beispielsweise für Strukturvertrieb, Coachingbusiness oder Selbstständigkeit, kommen bei diesen Menschen andere Emotionen hoch, hauptsächlich Ängste. Die Hauptangst der Menschen ist die Angst vor Ablehnung, die nirgendwo stärker ist als im Verkauf. Diese Angst ist dann besonders ausgeprägt, wenn du schon die Entscheidung getroffen hast: Ich will meinem Umfeld das anbieten.

Wenn du allerdings selbst noch nicht die Entscheidung getroffen hast, in einem Vertriebsunternehmen anzufangen, dich also noch in der Entscheidungsphase befindest, ist es viel einfacher, Termine zu produzieren in Form von Feedback, als wenn du dich bereits für das Vertriebsunternehmen entschieden hast und damit automatisch in der Verkäuferrolle bist. Wenn du noch in der Entscheidungsphase bist, musst du nicht die Ängste eines Verkäufers haben, weil du die Menschen in deinem Umfeld einfach nur um ein Feedback bittest, um dir bei der kritischen Prüfung des Vertriebsunternehmens zu helfen.

Das darf natürlich nicht geheuchelt sein. Bei mir war das definitiv nicht der Fall, denn ich habe erst 27-mal ein Nein bekommen oder wurde ignoriert. Dennoch hatte ich den Mut, die Leute um ein Feedback zu fragen. Es wäre für mich viel intelligenter gewesen, das im Voraus zu machen, um mir das Feedback zu Herzen zu nehmen. Mir ging es tatsächlich um das Feedback. Wenn es mir nicht darum geht, werden die Leute es merken, dass ich es nur manipulativ zu Vertriebszwecken einsetze.

Welchen Einwand sollte dein Umfeld bringen? Du nimmst sie ja auf die Reise mit. Du willst ihnen nichts verkaufen. Wichtig ist: Diese Feedbackstrategie funktioniert nicht, wenn du das Feedback nur instrumentalisierst, um damit Kunden zu gewinnen. Wenn du natürlich schon immer jemand bist, dem Feedback egal ist und du Feedback nur nutzt, um einfacher Akquise zu machen, werden das die Menschen auch feststellen. Ich bin keine solche Person, sonst wäre ich nicht auf meine nicht gewonnenen Kunden zugegangen, um mir das Feedback zu holen.

Ich machte die Erfahrung, dass meine Vertriebspartner es einfacher damit haben, Menschen anzurufen und zu kontaktieren, um ein Feedback einzuholen, denn es geht dabei nicht um einen Verkauf. Dann können die Menschen aus deinem Umfeld, mit denen du in Kontakt treten möchtest, das viel besser annehmen. Selbst wenn der andere dir ein Nein gibt, hast du die Beziehung zu ihm dennoch intensiviert, weil es dir wirklich um seine Meinung geht. Es ist stark, jemandem Wertschätzung entgegenzubringen, indem einem die Meinung des anderen wichtig ist.

Bei diesem Feedback finde ich auch heraus, wer ich bin. Bei Vertrieblern stelle ich fest, dass sie mit Ignorieren und Schwebezuständen schlecht umgehen können. Sie haben oftmals weniger ein Problem mit einem Nein, als ignoriert zu werden. Zudem ist es so, dass wenn ich Menschen dazu einlade, »Nein« zu sagen, die Wahrscheinlichkeit sogar höher ist, dass ich das Ja bekomme. Wenn ich einen Grund für das Nein höre, habe ich die Chance zu reagieren, das geht leider nicht, wenn ich ignoriert werde. Ich entwickelte für mich den Glaubenssatz: Ein Nein hat nichts mit mir persönlich zu tun. Wenn es doch mit mir etwas zu tun haben sollte, darf mein Gegenüber mir das gerne sagen.

Fragen

Ein guter Mensch oder ein guter Verkäufer zeichnet sich nicht durch starke Aussagen aus, die er trifft, sondern dadurch, welche Fragen er stellt. Indem du Fragen stellst, nimmst du dir die Nervosität und stellst dein Gegenüber ins Scheinwerferlicht. Deshalb stelle ich bei meinem Vortrag, den ich als Abschluss einer Vortragsreihe halte, viele Fragen. Dann bin ich weniger nervös. Extrem nervös war ich einmal vor einem Gespräch mit einem Vertriebspartner, den ich gewinnen wollte. Es ist nicht grundsätzlich schlecht, nervös zu sein, denn das zeigt, dass einem ein Prozess wichtig ist.

Ich stellte meinem Gegenüber also in diesem Gespräch viele, viele Fragen.

Hier einige Beispiele:

Was machst du beruflich? Welches sind deine aktuellen transparenten Karrierechancen im Unternehmen? Wie lange dauert es, bis du für ein Team mit 20 bis 30 Mitarbeitern verantwortlich sein kannst? Wie oft setzt sich dein Chef mit deinen individuellen Zielen auseinander? Wie stark fördert dich dein Chef? Fühlst du dich in deinem Team wohl? Ist es ein cooles Miteinander? Seid ihr ein dynamisches Team? Übernimmst du in deinem Team Verantwortung? Wirst du nach Leistung entlohnt oder verdienen bei euch alle gleich, egal, ob sie gleich viel arbeiten? Wenn er nicht nach Leistung bezahlt wird, kann ich nachfragen: Ist das deiner Ansicht nach fair? Verlangt dein Chef von dir mehr, als er früher selbst geleistet hat? Kannst du dir deine Mitarbeiter frei aussuchen?

Diese Fragen sind einerseits wertvoll, um sie sich selbst zu stellen, andererseits auch, um sie anderen zu stellen. Das kann sehr inspirierend sein. Mein Gegenüber hatte tatsächlich auf alle Fragen tolle Antworten. Hier ein paar Beispiele:

Transparente Karrierechancen? Ja, ich werde als neuer Inhaber des

Unternehmens vorgestellt. Ich bin mit 29 Jahren bereits für 30 Angestellte verantwortlich. Mein Chef setzt sich sehr mit meinen individuellen Zielen auseinander. Ich werde von meinem Chef mega gefördert, er will, dass ich den Laden übernehme. Ich bin privat befreundet mit meinem Chef. Wir sind ein cooles Team. Ich habe mein Hobby zum Beruf gemacht. Ich trage viel Verantwortung. Mein Chef verlangt genau das von mir, was er auch selbst leistet.

Mein Gesprächspartner sagte mir, dass eigentlich alles perfekt sei. Dann stellte ich ihm die meiner Meinung nach mächtigste Frage: Wenn du jetzt die Chance hättest an deiner aktuellen Situation, an deinem aktuellen Leben, an deinem aktuellen Beruf etwas zu verändern, wenn du frei sein könntest, was würdest du verändern? Durch diese Frage lädst du den anderen ein, über die Dinge zu sprechen, die er wirklich gerne verändert haben möchte. Er kam ins Grübeln und erzählte mir eine Anekdote. Sein Chef hat zwei Kinder. Das eine Kind kam vor der Unternehmensgründung auf die Welt, das andere danach. Mit dem Kind, das vor der Unternehmensgründung kam, verbindet er viele Erlebnisse. Mit dem zweiten Kind nach der Unternehmensgründung verbindet er ganz wenige Erlebnisse, weil er zu viel arbeitet.

Ich fragte ihn: »Wenn du für das Unternehmen so weiterarbeitest, hättest du dann die gleiche Situation wie dein Chef?« Dies bejahte er. Ich fragte ihn weiter nach seinem größten Lebensziel. Die Antwort war: Familie. Ich wollte von ihm wissen, ob sich das irgendwann verändern wird, dass er so viel arbeitet. Er sagte: »Nein, das bleibt so.« Daraufhin sagte ich zu ihm: »Das heißt also, du arbeitest darauf hin, dass du deine Familie eigentlich wenig bis gar nicht siehst?« – »Ja« – Das konnte ich nicht nachvollziehen und fragte ihn weiter: »Wie passt das zusammen, dass deine Familie dein größtes Lebensziel ist?«

Ich hatte ihn weder mit Geld noch mit anderen Dingen gelockt, die bei uns arbeitstechnisch möglich sind, sondern sagte zu ihm: »Vielleicht ist alles schlechter bei uns. Aber das, was ich dir anbieten kann, ist, dass du deine Familie siehst.« Das war der Grund, warum er bei uns angefangen hat. Was hätte ich ihm verkaufen sollen? Das hatte auch schon Albert Einstein erkannt, indem er sagte: »Nicht alles, was zählt, kann gezählt werden, und nicht alles, was gezählt werden kann, zählt!«

Wenn du eine Lösung dafür hast, wie dein Gegenüber es schaffen kann, seine aktuelle Situation zu verändern, also ein Bedürfnis, einen Nutzen für ihn entdeckst, dann kann ein Verkauf stattfinden. Ich kann die gleichen Fragetechniken anwenden, wenn es um eine Kundenberatung geht.

Ein anderer Vertriebspartner hat mir berichtet, was er bereits alles erreicht hat: Er war Jahrgangsbester an der dualen Hochschule, hatte einen guten Draht zu den Professoren, bekam ein Hammer-Einstiegsgehalt in der Pharma-Industrie, durfte auch schon viel im Ausland arbeiten und hatte bereits während seines Studiums Teamverantwortung. Dann stellte ich ihm die Frage: Warum macht jemand, der so erfolgreich ist wie du, der noch so jung ist, sich nicht selbstständig? Auf diese Frage wusste er keine Antwort und hörte sich stattdessen an, warum ich mich selbstständig gemacht hatte.

Perfektes Dinner anrichten

Wenn ich Fragen stelle, sehe ich mich wie jemand, der ein perfektes Dinner anbietet und dann jeden individuell fragt, was seine Lieblings-Vorspeise, seine Lieblings-Hauptspeise und sein Lieblings-Nachtisch ist. Wenn ich z. B. Venusmuscheln mache, weil ich das am besten kann, sie aber keiner mag oder zwei Personen Allergiker sind, bekomme ich nur wenige Punkte. Wenn ich individuell frage – ich muss nicht jedes Gericht am besten können –, aber wenn es ihm oder ihr am besten schmeckt, habe ich den größten Nutzen gebracht. Manchmal kann ich ein Gericht auch nicht kochen, weil mir die Fähigkeiten dazu fehlen. Dann findet kein Verkauf statt, weil ich mit meinem Produkt nicht punkten kann.

Mit Fragen findest du schnell heraus, ob etwas passt oder nicht. Das

Coole ist, du kannst dich entspannt zurücklehnen. Das fasziniert mich an meinem Job, dass ich mit der spannendsten und abwechslungsreichsten Art von Job zu tun habe, denn ich arbeite mit Menschen. Das wird mich nie langweilen. Egal, wie groß das Team oder wie wertvoll das Unternehmen ist, meinen Job werde ich auch dann noch ausüben. Was gibt es Spannenderes als den Menschen? Das Schöne ist: Wenn du Menschen zuhörst, finden sie am ehesten eine Heimat bei dir.

Leider wird in vielen Unternehmen den Menschen zu wenig zugehört. Stell dir vor, bei deinem ersten Gespräch, das du mit jemandem führst, liegt dein Redeanteil bei 20 Prozent, und der andere hat die Möglichkeit, 80 Prozent zu sprechen. Wie fühlt er sich? Gute Fragen zu kennen und zu stellen, hilft auch im Privaten. Es gibt extrem viele coole Fragen. Ich bin jemand, der sehr gerne viel erzählt, doch noch cooler ist es, wenn mir die Menschen gerne zuhören. Wenn ich etwas Passendes sage, nachdem ich sie gefragt habe, worum es in ihrem Leben geht, sie dann davon berichten und ich ihnen mit meiner Geschichte eine Lösung anbieten kann, hören sie mir auch viel lieber zu. Wenn der andere von einer entsprechenden Situation berichtet, dass er z. B. seine Familie nicht oft sieht, ist eine wertvolle Frage: Wie fühlst du dich dabei? oder Was denkst du darüber? Hast du dir das damals so vorgestellt? Was löst es in dir aus? Auch die Frage warum, weshalb, aus welchem Grund, was ist die Ursache dafür? Wieso ist das so?

Wenn du mehrmals hintereinander Warum? fragst, gelangst du sehr schnell in eine tiefe Ebene, in der die meisten Menschen nur selten Gespräche führen. Manchmal kann es auch notwendig sein, sechs- oder siebenmal nachzufragen. Beispielsweise wenn jemand sagt: »Ich habe Angst, Freunden davon zu erzählen, was ich beruflich mache.« Warum? »Vielleicht denken sie dann schlecht darüber.« Und was ist schlimm daran, wenn sie schlecht darüber denken? Was stört dich daran? »Oh, das fühlt sich unangenehm an.« Warum?

Nach drei Warum-Fragen bist du meistens schon auf einer sehr tiefen Ebene angelangt. Wichtig ist, dass häufig die Aussage kommt: »Ich weiß nicht.« Dann lächelst du den Menschen an und sagst: »Es interessiert mich wirklich. Erzähl mal.« Manche Menschen betrachten es als penetrant, mehrfach nachzufragen. Das ist nur eine Sichtweise, dass ich penetrant bin, wenn ich mehrmals höflich nachfrage, doch man kann auch die Sichtweise annehmen, dass wenn ich mehrfach nachfrage und auf die Ursache kommen möchte, ich ein empathischer Mensch bin, der sich für andere interessiert. Es kommt einfach nur auf die Sichtweise an. Ich hatte quasi die Angst, als penetrant zu wirken und habe sie in Respekt davor verwandelt, weil ich Respekt vor Menschen habe, ich mich für Menschen interessiere und gerne mehr über sie erfahren möchte.

Das kannst du nur machen, wenn du dich wirklich für den anderen interessierst. Wenn du dich nicht für Menschen interessierst, arbeite bitte niemals im Vertrieb.

Warum stört es dich, wenn die anderen schlecht über dich reden? Vielleicht sagt er, dass sie ihn dann nicht mehr zu ihrem Geburtstag einladen und sich von ihm distanzieren. Mit sieben bis acht Warum-Fragen kommst du an den Kern, z. B. dass er Angst hat, ausgeschlossen zu werden. Doch wird jemand ausgeschlossen, weil mal schlecht über ihn geredet wird? Das lässt sich auflösen.

Mit Warum-Fragen in tiefere Ebene gelangen

Diese Warum-Fragen solltest du nett, demütig und empathisch stellen. Es soll sich auf keinen Fall anhören wie bei einem Verhör. Warum, warum, warum. Doch diese Warum-Fragen bringen dich ganz schnell auf eine tiefe Ebene, auf der Gespräche viel Spaß machen (s. unter Warum).

Weitere coole Fragen sind: Wie vielen Menschen kannst du dich bedingungslos öffnen? Was ist dein größtes Lebensziel? Wenn ich vermute, dass ein Verhalten meines Gepsrächspartners nicht das passende für ihn ist, kann ich ihm die Frage stellen: »Was würdest du deinem Kind wünschen, wenn es in der gleichen Situation wäre wie du?« Ich nenne ein Beispiel: Jemand sagt: »Ich weiß nicht, wo ich in meinem Leben hinwill. Ich treffe auch keine Entscheidungen. Es ist mir alles egal.« Ich nehme an, das ist nicht das Passende für ihn und stelle ihm die Frage: »Würdest du deinem Kind wünschen, dass es kein Lebensziel hat?« In der Masse der Fälle wünschen sich die Menschen für ihr Kind etwas anderes als für sich selbst.

Wir machen unsere Kinder stark und unsere Kinder machen uns stark, denn unsere Kinder sorgen dafür, dass wir die beste Version unserer selbst sind. Wenn ich möchte, dass mein Kind ein Lebensziel hat, dann sollte ich selbst auch ein Lebensziel haben.

Weitere spannende Fragen: Was macht dich glücklich? Was ist Glück für dich? In welchen Momenten bist du glücklich? Kannst du dir vergeben? Kannst du ihm, ihr vergeben? Seit wann ist das so?

In welchen Bereichen möchtest du dich weiterentwickeln? Was sind deine größten privaten Ziele? Was waren deine größten privaten Herausforderungen? Wie sieht dein Traumberuf aus? Was bedeutet für dich Sicherheit? Was bedeutet für dich Anerkennung? Was bedeutet für dich Perspektive? Was bedeutet für dich Gutes tun? Was bedeutet für dich Freiheit? Was ist Liebe für dich? Wovor schützen dich dein Ego, deine Arroganz, deine Überheblichkeit? Was ist für dich perfekt? Möchtest du, dass deine Kinder perfekt sind?

Wann bin ich glücklich? Wie viele Menschen würden mir folgen, wenn ich perfekt wäre? Was behindert mich, offen zu sein? Was hält dich davon ab, deinen Eltern »Ich liebe dich« zu sagen? Wie fühlst du dich, wenn du offen über deine Schwächen sprichst? Gab es in der Vergangenheit ein Ereignis, das einen Nachteil für dich hatte, offen über deine Ängste zu sprechen? Was musst du an dir verändern, damit dein Traumpartner in dein Leben kommt? Wo bist du, wenn du dein Ziel erreicht hast? Was möchtest du, dass deine Mutter, Vater, Familie, Freunde, Geschäftskollegen an dir verstehen? Wo fühlst du dich am meisten verstanden? Wo fühlst du dich am meisten nicht verstanden?

Wenn eine Person ein starkes Gefühl – egal ob positiv oder negativ – in dir erzeugt, ist es wichtig zu fragen: »Was denkst du von dieser

Person?« Wenn jemand, von dem ich selbst nichts oder nicht viel halte, ein permanent schlechtes Gefühl in mir auslöst, macht es Sinn, sich zu fragen, ob diese Person so viel Macht über mich haben darf oder ob ich mich davon loslösen kann.

Wenn etwas Negatives passiert ist, fragen: Was ist die positive Seite davon? Was kannst du aus diesem Verlust lernen? Wenn du dir erlaubst, wenn du dir vorstellen kannst, wieder anders über dich oder andere zu denken, was müsstest du an dir verändern? Am Ende des Gesprächs eignet sich die Frage: Was wäre ein positives Ergebnis für dich? Was nimmst du für dich mit?

Wenn jemand sagt: »Ich weiß es nicht«, ist es wichtig, ihm zu sagen, dass er damit sich selbst und auch anderen die Möglichkeit nimmt, ihm zu helfen.

Freundschaft

Eine Freundschaft zeichnet sich nicht durch die Quantität der Zeit aus, die du mit jemandem verbringst, sondern vielmehr durch die Qualität, also die Tiefe der Beziehung, die du zu einer anderen Person hast. Immer wieder höre ich von Leuten: »Ich habe diese Person schon seit einem Jahr nicht mehr gesehen. Aber wenn ich sie morgen sehe, ist es wie immer. Ich weiß, dass ich immer auf sie zählen kann.« Es macht für mich Sinn, immer in die Tiefe von Beziehungen zu investieren, was nicht bedeutet, dass mir nur oberflächlich Zeit zu verbringen, nicht auch Spaß macht.

Lass doch mal den Gedanken zu, dass es vielleicht für die Zukunft okay ist, die Tiefe der Beziehung zuzulassen, auch wenn du Angst davor hast. Viele Menschen haben Angst, dass irgendeine Beziehungsebene zu Menschen ernster wird, denn dann können sie verletzt werden. Wenn ich mehr von mir preisgebe, kann ich verletzt werden. Vielleicht wird schlecht über mich geredet. Aber wenn ich nicht bereit bin, den Preis zu bezahlen in der Freundschaft, wie soll ich dann herausfinden, was eine echte Freundschaft ist und was nicht? Wenn ich nie einen Freund um etwas bitte, obwohl ich es brauche, was ist dann die Freundschaft wert? Ich kenne viele Menschen, die sich umgekehrt in einer Freundschaft aufgeben, aber sich selbst noch schwer tun, um Hilfe zu bitten. Diesen Menschen, die immer wieder Ja sagen, auch wenn sie Nein meinen, kann ich nur zurufen, dass jedes nicht ernstgemeinte Ja ein Nein zu sich selbst ist. Das sind Menschen, die immer helfen, helfen, helfen, doch dabei oft selbst auf der Strecke bleiben.

Andere stellen sich die Frage: »Wieso fragt der nicht auch mal *mich*? Warum kommt der denn nicht mal auf *mich* zu?« Die Menschen können leider keine Gedanken lesen oder haben einfach andere Dinge im Kopf. Hier kannst du ihnen Empathielosigkeit vorwerfen, aber jeder von uns war in seinem Leben sicher schon mal empathielos, denn du kannst nicht an alles denken. Du bist manchmal nicht fit. Du bist manchmal nicht gut gelaunt etc.

Meiner Ansicht nach dürfen wir in der Freundschaft und generell in einer Beziehung zu einem Menschen lernen, über unsere Bedürfnisse zu sprechen. Das gehört zu einer guten Freundschaft dazu. Wenn ich das Gefühl habe, dass ich das nicht kann, dann hat das wahrscheinlich etwas mit mir zu tun oder auch etwas mit der Beziehung zum anderen. Dann darf ich für mich bewerten: Ist das eine Freundschaft oder nicht? In vielen Fällen suche ich nach einer Tiefe in der Beziehungsebene. Das hilft mir zum Beispiel auch im Vertrieb, wenn ich nur wenig Zeit habe, mit manchen meiner über 1.000 Vertriebspartnern eine tiefe Beziehung aufzubauen, da ich immer tiefgehende Gespräche anstrebe. Obwohl wir nur drei bis fünf Gespräche hatten, habe ich gleichzeitig das Gefühl, dass ich zu vielen Menschen dort eine tiefgehende Beziehung habe. Das sagen die Leute mir zumindest. Wir dürfen den Mut haben, tiefgehende Gespräche zu führen.

Manchmal gibt es auch den Fall, dass jemand immer wieder seine Hilfe anbietet, der andere allerdings die Hilfe gar nicht annimmt, weil er glaubt, alles allein erledigen zu können. Hier kann der, der helfen will, auch denken: »Er braucht mich nicht. Er will mich nicht. Kann ich denn gar nichts für ihn tun? Sieht er mich als zu schwach an?« Da gibt es viele Interpretationsspielräume. Natürlich gibt es auch Menschen, die dir ihre Hilfe anbieten, um es dir danach wieder unter die Nase zu reiben. Doch es geht nur darum herauszufinden, was wirklich ist und nicht, was ich mir vorstelle, was ist. Die meisten Menschen haben Angst vor Klarheit. Ich habe Angst vor Unklarheit. Das ist wieder eine Glaubensfrage, bei der es wieder kein Richtig und kein Falsch gibt, sondern nur das, wie du darüber denkst.

Was ist die Alternative?

Alles, was jetzt ist, war mal ein Gedanke. 99 Prozent der Dinge, die passieren, sind Interpretation. Ich kann viele Argumente finden, warum Unklarheit, also keine Klarheit zu haben, für mich besser ist, weil ich nicht verletzt werde etc. Genauso kann ich Argumente für das andere finden. Die Frage ist: »Was will ich?« Will ich rein oberflächliche Beziehungen oder will ich Tiefgang, bei dem ich vielleicht verletzt werden kann, aber wahrscheinlich auch etwas Neues erreichen kann? Ich denke, bei den wichtigsten Entscheidungen in unserem Leben hätten wir immer ganz viel verlieren können, aber auch ganz viel gewinnen. Sei es die Selbstständigkeit, sei es weiterhin im anstrengenden Job zu bleiben, um die Familie ernähren zu können, weil man es muss. Sei es die Frau anzusprechen, sei es einen Korb zu bekommen von seiner Traumfrau. Das tut weh. Sei es Kinder zu kriegen. Da kann so viel schieflaufen. Doch was ist die Alternative?

Mir fallen viele Menschen ein, die keine Kinder wollen. Eltern sagen häufig: »Ich kann nicht verstehen, wie man keine Kinder haben will.« Es ist durchaus verständlich bei all den vielen negativen Dingen, die auf der Erde passieren, dass manche Leute diesen Entschluss für sich fassen. Wahrscheinlich hat sich fast jeder schon mal gefragt, ob er eigene Kinder haben möchte oder nicht. Denjenigen, die die Sorge haben, zu schwach zu sein, um Eltern zu werden, kann ich nur zurufen, dass dieser Gedanke vollkommen in Ordnung ist. Es ist okay, wenn man gerade überwältigt ist und sich sorgt, nicht alles perfekt zu machen. Eltern müssen keineswegs perfekt sein, sondern das Wichtigste ist, einfach für seine Kinder da zu sein.

Gleichzeitig diesen Gedanken zuzulassen und zu sagen: »Ja, ich bin gerade zu schwach, ich kann gerade nicht mehr«, ist vollkommen okay. Doch was ist wieder die Alternative? Nicht zu sehen, wie aus Liebe Leben entsteht? Sich nicht selbst wieder in seinen eigenen Kindern zu entdecken? Nicht zu erleben, wie sich die eigenen Kinder entwickeln als Teil von einem selbst?

Früher war eines meiner großen Ziele, mit Freunden ein Unternehmen aufzubauen, denn wenn ich mit meinen Geschäftspartnern Zeit verbringe, fühlt es sich oft an, als wenn ich mit meinem Handballverein etwas unternehmen würde. Auch bei Teambuildingmaßnahmen hatte ich fast immer das gleiche Gefühl, als wenn ich ins Handballtraining gehe. Doch gleichzeitig war es für mich das Schwierigste, in meinem Job mit Freunden zusammenzuarbeiten. Wenn du mit Freunden zusammenarbeitest und sie Probleme haben, nimmst du das ganz anders mit nach Hause. Dir hängt derjenige viel mehr am Herzen. Wenn dich ein neutraler Arbeitskollege samstagsnachts um halb zwei anruft, gehst du wahrscheinlich nicht ans Telefon, bei einem Freund schon. Du redest auch mit deiner Frau oder deinem Mann zu Hause anders über deine Freunde, wenn dich etwas bedrückt, als wenn das neutrale Geschäftskollegen sind. Wenn Freunde dich bei der Arbeit enttäuschen, ist es auch anders als bei normalen Kollegen. Umgekehrt ist es allerdings viel geiler, wenn du mit Freunden etwas erreichst.

Mit Freunden zusammenzuarbeiten, hat – wie alles – viele Vorteile und viele Nachteile. Bei Freundschaft und Arbeit habe ich bei ganz vielen Menschen das Gefühl, dass sie denken, sie werden nicht so ernst genommen, wenn sie miteinander befreundet sind. Dem kann ich überhaupt nicht zustimmen. Auch das ist wieder eine Glaubensfrage. Ich denke, dass ich durch die Beziehungsebene, die ich zu einem Freund habe, viel mehr Verbindlichkeit in der Arbeit reinbringen kann, als wenn ich nicht mit ihm befreundet bin. Das ist der Fall, wenn ich über Beziehungsebenen führe. Wenn ich rein rational führe und meine, immer Vorbild sein zu müssen, ist das schwieriger, dort muss ich viel professioneller sein. Doch wenn ich über die Beziehungsebene führe, ist die Freundschaft nicht hinderlich, sondern ganz im Gegenteil. Im Endeffekt haben wir nur Angst, dass der andere Schwächen von mir kennt, die er dann – bösartig ausgedrückt – gegen mich verwendet. Wenn ich allerdings den Glaubenssatz habe, dass meine Schwächen mich stark machen und mich auszeichnen, prallt das alles an mir ab.

Gewaltfreie Kommunikation

Gewaltfreie Kommunikation, auch bekannt als GFK, wurde von dem Psychologen Marshall Rosenberg in den 1960er Jahren entwickelt und beinhaltet Wertschätzung und eine positive Beziehung zwischen den Gesprächspartnern. Dadurch entsteht eine vertrauensvolle, offene und positive Atmosphäre. Rosenberg unterscheidet zwei Arten von Kommunikation: die Wolfsprache, die eher eskalierend, gewaltvoll und konfliktfördernd ist und die Giraffensprache, die deeskalierend, gewaltfrei und konfliktlösend ist. Der Wolf mit seinen spitzen Zähnen ist ein Sinnbild für denjenigen, der mit seiner Sprache zubeißt und den anderen damit verletzt. Er ist nicht auf Augenhöhe und erzeugt durch seine Sprache im anderen eher Rückzug oder Abwehr. Die Giraffe dagegen hat mit ihrem langen Hals einen guten Überblick über die Situation und kann von oben alles überblicken. Zusätzlich hat sie ein großes, leistungsstarkes Herz.

Mit den folgenden vier Schritten lässt sich gewaltfrei kommunizieren:

1. Beobachtung äußern
2. Gefühl erkennen und äußern
3. Bedürfnis erkennen und äußern
4. Bitte formulieren

Rosenberg fasst die Schritte der Gewaltfreien Kommunikation in einem Satz zusammen:

»Wenn ich a sehe, dann fühle ich b, weil ich c brauche. Deshalb möchte ich jetzt gerne d«, wobei a = Beobachtung; b = Gefühl; c = Bedürfnis; d = Bitte.«

Mit der Gewaltfreien Kommunikation ist es möglich, Menschen zu kritisieren und auch über tiefe Emotionen mit ihnen zu sprechen, ohne sie dabei zu verletzen. Der Prozess der Gewaltfreien Kommunikation beginnt mit der Beobachtung. Wichtig ist, bei der Beobachtung nicht zu werten.

Ich gebe ein Beispiel aus dem Vertriebskontext. Ein Vertriebspartner hat in den letzten sechs Monaten nur einen Kunden gewonnen. Meist kommen von Seiten des Mentors Vorwürfe: Du hast nur einen Kunden gewonnen. Warum hast du nicht mehr Kunden geworben? Wie kannst du nur einen Kunden werben? Das ist doch viel zu wenig etc. Wenn ich gefragt werde, was einen guten Mentor für mich auszeichnet, sage ich:

Ich glaube, ein Mentor ist dann schon gut genug, wenn er nicht die Ausrede für das Fehlverhalten seines Mentees ist, denn ich glaube, wenn ich den Menschen mit Vorwurf oder Wertung begegne, sie sich viel stärker an mir aufreiben, anstatt sich mit sich selbst zu beschäftigen. Die Kunst eines Mentors ist es zu erreichen, dass derjenige sich mit sich selbst beschäftigt. Dazu sollte man gewaltfrei kommunizieren, denn sonst kann sich der andere an meinem Vorwurf aufreiben. Wenn ich sage: »Du hast doch nur einen Kunden gewonnen«, hat derjenige sicher nur wenig Lust, sich zu verändern, da es eine wertende Aussage ist.

Beobachtung bedeutet vielmehr, zum Beispiel zu sagen: Mir ist aufgefallen, dass du in den letzten sechs Monaten einen Kunden gewonnen hast. Dann kann ich nochmal eine Nachfrage stellen: »Habe ich das richtig recherchiert? Sehe ich das richtig so?«

Im zweiten Schritt äußere ich mein Gefühl: Mein Gefühl dabei ist, dass ich Angst habe, dass du dein Ziel der Hauptberuflichkeit bei uns nicht erreichen kannst, weil du damit nicht ausreichend Geld verdienst, um deine Fixkosten zu decken.

Als nächstes äußere ich in der Gewaltfreien Kommunikation ein Bedürfnis: Mein Bedürfnis ist, dass du hier hauptberuflich arbeitest und wir gemeinsam einen eigenen Standort eröffnen können.

Zum Schluss formuliere ich eine Bitte: Deshalb ist meine Bitte: Lass uns einen Termin ausmachen, an dem wir zusammen schauen, woran es gelegen hat und wie wir es in Zukunft verbessern können.

Eine typische Situation aus dem Unternehmensalltag ist das Fenster, das der eine geschlossen haben möchte, der andere geöffnet. Hier könnte man sagen: »Mir ist aufgefallen, dass du das Fenster geöffnet hast. Ich habe Angst, mich zu erkälten. Mein Bedürfnis ist, zur Arbeit kommen zu können, zu Hause bei meiner Familie fit zu sein und mich nicht zu erkälten. Deswegen bitte ich dich darum, dass wir uns absprechen, wie wir es mit dem Fenster handhaben.«

Doch nicht nur im beruflichen Kontext lässt sich Gewaltfreie Kommunikation sehr gut anwenden, sondern auch im privaten Bereich.

Wir gehen von folgender Situation aus: Ein Mann lässt seine Schuhe im Raum stehen und seine Frau beschwert sich darüber. Das kann schnell zu Stress führen. Wenn wir die Gewaltfreie Kommunikation anwenden, mag das am Anfang sicherlich künstlich wirken. Wenn ich das neu etabliere in einer Beziehung oder in einem Unternehmen, kann ich ruhig auch sagen: Ich habe Angst, dass es künstlich wirkt. Aber lieber mache ich künstlich Gewaltfreie Kommunikation, als mit Vorwürfen zu kommunizieren.

Beobachtung: »Schatz, mir ist aufgefallen, dass du die letzten drei Tage deine Schuhe abends stehengelassen hast, so dass ich darüber einmal gestolpert bin.« Das ist tatsächlich schwierig, hier keine Wertung reinzubringen.

Gefühl: »Ich habe Angst, mich zu verletzen, wenn ich über die Schuhe stolpere. Das weitere Gefühl, das ich habe, ist, dass du nicht auf mich eingehst und mir nicht zuhörst. Ich habe dich in den letzten Monaten häufiger darum gebeten, dass du deine Schuhe wegstellst. Ich habe das Gefühl, dass mein Wunsch ins Leere läuft. Ich habe das Gefühl, dass du mich mit meinen Wünschen, mit meinen Bedürfnissen nicht ernst nimmst und das verletzt mich.«

Bedürfnis: »Ich habe das Bedürfnis, gefahrlos durchs Haus zu laufen. Das weitere Bedürfnis ist, dass du meine Emotionen hörst. Ich habe das Gefühl, wenn du deine Schuhe nicht wegstellst, obwohl ich dich darum bitte, du meine Bedürfnisse ignorierst. «

Bitte: »Deshalb ist meine Bitte an dich, deine Schuhe in den Schrank zu stellen. Kannst du das bitte für mich machen?

Schuld sind nicht die Schuhe

Wenn du bei einer solchen Situation mit den Schuhen Gewaltfreie Kommunikation anwenden würdest, wird dir vorher klar, dass es nicht um die Schuhe geht, sondern dein Gefühl ist es, dass dein Partner dich nicht sieht, dich nicht ernst nimmt, nicht auf deine Gefühle eingeht, deine Bedürfnisse ignoriert. Das ist das, was dahintersteckt. Schuld sind nicht die Schuhe, sondern dass du dich nicht gesehen fühlst. Das ist nur die Spitze des Eisbergs, über die dann gestritten wird. Wichtig ist, an die Ursache zu kommen, an das Gefühl und das Bedürfnis dahinter, gesehen und beachtet zu werden.

Natürlich scheitert eine funktionierende Beziehung nicht an herumstehenden Schuhen. Doch leider laufen die meisten Streits so ab, dass sich Menschen gegenseitig niedermachen wegen Schuhen oder Socken, die herumliegen oder Geschirr, das nicht gespült ist. Wenn du gewaltfrei kommunizierst, kannst du sogar deine Angst äußern, offen zu kommunizieren, indem du sagst: »Mir ist aufgefallen, dass wir in den letzten drei Jahren unserer Partnerschaft sehr selten über unsere Emotionen und Gefühle gesprochen haben. Siehst du das auch so?« Hier kann ich auch wieder eine Verständnisfrage stellen. Und weiter: »Ich habe Angst, dass es bei dir falsch ankommt, wenn ich offen mit dir über meine Gefühle spreche, dass du mich als schwach wahrnimmst.« Jetzt kann ich über alle Ängste, die ich habe, sprechen. »Mein Bedürfnis ist, mit dir über meine Emotionen zu sprechen, weil du mir als Mensch wichtig bist.« So bringe ich zusätzlich Wertschätzung in das Gespräch. »Was denkst du oder was hältst du davon? Gib mir gerne ein Feedback.« Und schließlich die Bitte: »Deshalb meine Bitte: Lass uns doch künftig öfter über unsere Gefühle miteinander sprechen.«

Ein anderes Beispiel könnte sein, dass Freunde Witze über meine Figur oder meine Glatze machen. Es gibt einige, bei denen das überhaupt nichts in mir auslöst. Doch nehmen wir an, es würde jetzt bei einem meiner Freunde etwas in mir auslösen. Dann würde ich ihn zur Seite nehmen und mit ihm über meine Gefühle sprechen. Dazu muss er mir wichtig sein, denn es stört mich nicht bei jemandem, der mir komplett unwichtig und egal ist. Ich sage ihm, dass mich das verletzt, wenn er solche Witze über mich macht. Mein Bedürfnis ist, dass ich mich nicht schlecht wegen ihm fühle. Ich bitte ihn dann, dies in Zukunft zu lassen. Vielleicht macht er es trotzdem weiter. Dann darf ich es ihm auch noch ein zweites oder drittes Mal sagen. Wenn er dann partout meinen Wunsch nicht respektiert und das mehrfach nicht macht – denn nicht jeder muss meine Wünsche respektieren –, kann ich immer noch entscheiden, wie ich damit umgehe. Doch es ist auf jeden Fall besser, mit ihm darüber zu sprechen, als nichts zu sagen.

Vielleicht hast du dir auch schon die Frage gestellt: Warum entstehen solche Streitereien meist wegen solchen Kleinigkeiten? Weil es genau die Kleinigkeiten sind, die das Fass überlaufen lassen. Weil wir uns bei den Kleinigkeiten denken: Wie schlecht muss unsere Freundschaft oder Beziehung sein, dass ich mich über so etwas aufrege? Das ist normal und deshalb solltest du es gar nicht verurteilen, dass es wegen einer Kleinigkeit kommt, sondern es kommt in der Regel immer wegen einer Kleinigkeit. Das ist der letzte Tropfen, der das Fass zum Überlaufen bringt, bzw. diese Kleinigkeit symbolisch für tieferliegende Probleme steht.

Glück

Glücklich sein kommt von innen. Ich mag das Bild von zwei Strichmännchen, die sich gegenüberstehen. Das eine hält ein Marmeladenglas in der Hand mit der Aufschrift »Glück«. Das andere Strichmännchen fragt: »Wow! Toll! Wo hast du das denn gefunden? Ich habe überall danach gesucht.« Das andere Strichmännchen antwortet: »Das habe ich selbst gemacht« und hält dabei sein eigenes Glück in der Hand. Ich denke, dass wir nicht dann glücklich sind, wenn es für andere nach außen hin so aussieht, sondern, dass wir dann glücklich sind, wenn wir uns selbst so fühlen. Ich habe drei Zutaten, die für mich Glück bedeuten und die vollständig unabhängig von anderen sind, weil ich dadurch mein Glück und meine Umwelt selbst erschaffe.

Die erste Zutat ist: Ich liebe mich selbst. Wenn ich in meinen Vorträgen die Frage stelle: »Liebst du dich?«, kommt häufig ein sehr starkes Zögern. Viele Menschen denken, dass es auf andere selbstverliebt wirkt, wenn sie auf die Frage »Liebst du dich selbst?« mit »Ja« antworten würden. Sie haben Angst, dann als arrogant oder überheblich wahrgenommen zu werden. Doch warum? Wenn ich mich selbst nicht liebe, wer soll es dann tun? Bin ich nicht liebenswert? Kann ich mich nicht selbst so lieben wie mein eigenes Kind?

Wenn ich Menschen frage: »Liebst du deine Kinder?«, zögern sie nicht, sondern antworten meist sofort: »Ja, natürlich, klar liebe ich meine Kinder.« In der Antwort schwingt meist eine weitere rhetorische Frage mit: »Was willst du von mir? Wie kannst du nur denken, dass ich meine Kinder nicht liebe? Willst du mich auf den Arm nehmen?«

Die spannende Frage ist: Warum können wir bei uns selbst nicht genauso reagieren? Ich habe noch nie jemanden getroffen, der auf die Frage »Liebst du dich?« geantwortet hat: »Ja, natürlich, klar liebe ich mich selbst. Wie kannst du nur denken, dass ich mich selbst nicht liebe? Willst du mich auf den Arm nehmen?«

Wenn du deinen Kindern Selbstliebe beibringen möchtest, solltest du bei dir selbst beginnen. Du darfst und sollst dich selbst lieben. Selbstliebe hat nichts mit Selbstverliebtheit und Arroganz zu tun, denn Liebe kennt keine Arroganz. Selbstliebe bedeutet auch nicht, dass du zuerst irgendeine Leistung erbringen musst, bevor du dich lieben darfst. Das macht keinen Sinn.

Alles entsteht bei mir, alles entsteht in mir, was ich nach außen gebe. Wenn ich mich selbst nicht liebe, mich selbst nicht akzeptiere, wie kann ich meinen Kindern Selbstliebe, Selbstakzeptanz, Selbstbewusstsein beibringen? Du kannst auch erst mal mit Selbstakzeptanz starten. Ich habe es bewusst erweitert um Selbstliebe, weil ich denke, dass viele Menschen zögern. Viele sagen: »Ja, wenn ich das noch geschafft habe, dann kann ich mich lieben.«

Ich frage dann: »Du hast zwei Kinder. Das eine Kind bringt eine Vier nach Hause, das andere Kind eine Eins. Welches Kind liebst du mehr?« In allen Fällen antwortet mein Gegenüber: »Ich liebe beide gleich viel.« Wieso können wir das nicht bei uns selbst? Wieso verknüpfen wir Leistung mit Selbstakzeptanz und Selbstliebe?

Menschen, die sich selbst nicht lieben, möchten meiner Meinung nach Folgendes in sich auslösen: Wenn ich mich selbst nicht liebe, dann sorgt das für mich für Handlungsdrang, dass ich mir dann Selbstliebe geben kann, wenn ich etwas Bestimmtes erreicht oder geleistet habe. Wenn ich mir lange genug keine Liebe gebe, habe ich immer genügend Motivation, Leistung zu erbringen. Ich denke, wenn du dich von vorneherein selbst liebst, es dir viel leichter fällt, Leistung zu erbringen.

Im Umkehrschluss heißt das nicht, dass ich mich nicht persönlich weiterentwickeln darf. Persönliche Weiterentwicklung ist ja gerade meine zweite Zutat für Glück. Ich glaube, dass es Sinn macht, sich weiterzuentwickeln, zu wachsen und persönlich zu reifen. Das ist für mich ein wichtiger Bestandteil von Glück. Ich mag das Zitat des deutschen Industriellen und Politikers Philip Rosenthal: »Wer aufhört, besser zu werden, hat aufgehört, gut zu sein.« Hier ist viel Wahres enthalten. Es macht mir Spaß, mir neue Ziele zu setzen, um immer wieder zu wissen, was ich in meinem Leben will. Früher sah ich den Weg zu den Zielen immer nur als Mittel zum Zweck. Zum Glück habe ich es mittlerweile geschafft, den Weg zum Ziel zu gehen, dass mir die Reise dorthin Spaß macht. Beruflich erreichte ich mehr, als ich es mir jemals erträumt hatte. Als ich in die höchste Position befördert wurde, war ich ein wenig traurig und dachte: »Und was jetzt?«

Mit den Umsätzen, die wir schreiben, und der Teamgröße habe ich inzwischen ein Vermögen aufgebaut, durch das ich passive Einnahmen erwirtschafte, von denen ich gut leben kann. Und dennoch halte ich Vorträge, führe Gespräche, führe Team-Meetings, um anderen Menschen zu helfen, sich ebenfalls ein solches Business aufzubauen und zu ihnen eine tiefere Verbindung aufzubauen. Dies ist für mich der richtige Weg, und das werde ich auch immer machen, unabhängig davon, wie mein Kontostand aussieht, unabhängig davon, wie alt ich bin. Ich habe Lust darauf, Menschen einen Mehrwert zu bieten und mit Menschen tiefer zu gehen. So entsteht unfassbar viel.

Die dritte Zutat, die für mich Glück bedeutet, ist, dass ich entscheide, wie ich die Dinge sehe und dass ich selbst entscheide, ob ich mich in die Opfer- oder die Täterhaltung begebe. Hierzu fällt mir eine Geschichte ein, die ich einmal gelesen habe: Es waren zwei Brüder. Der eine war arbeitslos, drogenabhängig, er hatte emotionale Probleme und sein Leben nicht im Griff. Der andere war ausgeglichen, hatte ein glückliches Familienleben, geschäftlich erfolgreich. Als man beide fragte, warum sie in dieser Situation sind, nannten beide als Grund, dass ihr Vater verstorben sei.

Durch meine am Anfang beschriebenen Todesfälle in meiner Familie hätte ich viele Gründe gehabt, mich einzuigeln oder daran zu zerbrechen, was mir ja auch beinahe passiert ist. Gleichzeitig lässt sich daran erkennen, dass ich durch die Todesfälle eine viel tiefere Verbindung zu meiner Mutter aufgebaut habe und tiefere Verbindungen in Freundschaften suche. Außerdem erreichte ich durch die Todesfälle mein Lebensziel viel schneller und wurde deutlich stressresistenter.

Das hat nichts mit Zweckoptimismus zu tun, doch es ist schön zu wissen, dass ich entscheide, ob ich in der Opfer- oder Täterhaltung bin.

Das Geheimnis von Glück liegt nicht im Besitz, sondern im Geben, denn Glück ist das Einzige, das sich verdoppelt, wenn man es teilt. Wenn ich gefragt werde, ob es mir wichtig ist, dass wir in zehn Jahren der größte Vertrieb sind, sage ich: »Nein«. Meine Vision für Königswege ist Demut, Dankbarkeit und Glück, außerdem positive Geisteshaltung, Empathie und intrinsische Motivation.

Genau für diese Werte will ich, dass unser Unternehmen steht. Dann ist es mir vollkommen egal, ob wir Platz eins werden. Viel wichtiger ist für mich, dass wir demütig sind, also dass wir den Mut haben, ein guter Dienstleister zu sein, dass wir jederzeit für das dankbar sein können, was wir unseren Kunden anbieten, dass wir darauf achten, dass es unseren Vertriebspartnern gutgeht, sie glücklich sind, dass wir unseren positiven Geist bewahren, auch wenn es einmal nicht so gut läuft, damit wir das Ruder wieder herumreißen können, dass wir empathisch mit Fragen auf die Bedürfnisse unserer Vertriebspartner und Kunden eingehen und dass wir intrinsische Motivation extrinsischer Motivation vorziehen.

Mir ist außerdem wichtig, dass wir nicht nur Wert auf finanziellen Erfolg legen, und die Leute nicht nur mit Geld motivieren, sondern ihnen dabei helfen, ein glückliches Leben zu führen. Dafür soll unser Unternehmen stehen.

Wenn du den Mut hast, auf genau diese Dinge Wert zu legen, vielleicht ist es dann so, dass du es gerade deshalb schaffen kannst, Platz eins zu werden. Selbst wenn du nicht auf dem ersten Platz landest, sondern auf Platz drei, vier oder fünf oder X, du dir aber diese Werte behalten hast, ist das für mich ein mindestens ebenso großer Erfolg, bzw. ein größerer Erfolg, als Platz eins zu werden und diese Werte zu verlieren. Doch ich möchte ganz fest daran glauben, dass man es gerade dadurch schaffen kann, Platz eins zu werden.

Es ist nie zu spät für eine glückliche Kindheit

Ben Furman hat ein tolles Buch geschrieben mit dem Titel »Es ist nie zu spät, eine glückliche Kindheit zu haben.« In der Öffentlichkeit herrscht immer noch die Meinung vor, dass schwierige Bedingungen in der Kindheit automatisch zu einem unglücklichen Erwachsenenleben führen. Dies kann so sein, ist aber meist nicht zwangsläufig der Fall. Das Buch zeigt, dass eine schwierige Kindheit nicht unbedingt ein schwieriges Erwachsensein bedeutet, sondern dass jeder für seine Zukunft selbst verantwortlich ist. Selbstverständlich sollen wir ehrlich zu uns sein und nicht so tun, als hätten wir eine glückliche Kindheit gehabt, wenn es nicht so war. Das Buch macht Betroffenen und Nicht-Betroffenen Mut, die Vergangenheit zu akzeptieren und dennoch nach vorne zu schauen und seine Zukunft selbst in die Hand zu nehmen.

Ich habe Respekt davor, was in der Vergangenheit geschehen ist. Es gibt schlimme Dinge, die in Familien passiert sind, die ich mir nicht vorstellen möchte. Es ist nicht einfach, damit umzugehen, ganz im Gegenteil, doch es ist nie zu spät für eine glückliche Kindheit. Du darfst dich selbst als dein eigenes Kind behandeln.

Doch nicht nur im privaten Umfeld, sondern auch im beruflichen Kontext ist es wichtig, glücklich zu sein. Zahlreiche umfangreiche Studien belegen, dass glückliche Mitarbeiter im Unternehmen eindeutig produktiver sind als Menschen, die nicht glücklich sind. Eine solche Studie ist die eines Forscherteams der Universität in Oxford. 1.800 Call-Center-Agents von British Telecom wurden sechs Monate lang jede Woche an elf Standorten nach ihrem Befinden gefragt. Anschließend verglichen sie die Daten mit der Arbeitsleistung während dieser Zeit. Das Ergebnis war eindeutig: Die Mitarbeiter konnten etwa 13 Prozent mehr Verkaufsabschlüsse in der Zeit nachweisen, in der sie sich selbst als glücklich bezeichnet hatten. Die Zufriedenheit hatte allerdings keinen messbaren Einfluss auf die Anwesenheit oder die Anzahl der Pausen.

Eine andere Studie ist der Gallup Engagement Index, der jedes Jahr weltweit die Zufriedenheit von Mitarbeitern und ihre Bindung an das

Unternehmen misst. Laut dem aktuellen Ergebnis haben 17 Prozent der Mitarbeiter in Deutschland eine hohe emotionale Bindung an das Unternehmen, in dem sie arbeiten. Das ist meiner Ansicht nach sehr wenig. Es haben demnach 83 Prozent der Mitarbeiter keine oder wenig emotionale Bindung an ihren Arbeitgeber. Unglaublich, welches Potenzial hier schlummert. Kein Wunder, dass immer mehr Unternehmen einen Feelgood-Manager, auch als Chief Happiness Officer (CHO) bekannt, einstellen. Er sorgt dafür, dass die Menschen mit Freude zur Arbeit kommen und sich dort optimal entwickeln können. Und das ist meiner Ansicht nach auch äußerst wichtig, um produktiv und glücklich bei der Arbeit zu sein.

Ich denke, ich selbst wäre unfähig als Angestellter. Doch habe ich mal ein Gedankenspiel entwickelt, in dem ich annehme, dass ich Teamleiter bin, doch komplett unfähig. Den ganzen Tag würde ich nichts können und nichts zufriedenstellend erledigen. Doch eine Sache könnte ich gut: Ich würde auf meine Angestellten zugehen und ihnen zuhören. Ich würde sie fragen, was ihnen wichtig ist, was wir verbessern können. Nehmen wir sogar an, ich würde nichts umgesetzt und verändert bekommen, sondern sie einfach anhören und mich wirklich für ihre Situation interessieren. Ich würde schauen, dass sie Konflikte ansprechen und ihnen helfen, sie zu lösen. Das Problem ist leider häufig, dass Menschen eine führende Position erlangen, weil sie lang genug im Unternehmen und ein Spezialist sind, doch von der Führung von Menschen oftmals wenig Ahnung haben. Sicherlich lässt sich das nicht pauschalisieren. Doch dieses Gedankenspiel ist spannend. Ich bin davon überzeugt, dass Glücksmanager oder Glücksteamleiter es schaffen können, dass die Menschen glücklicher bei der Arbeit sind und dadurch mehr für sich und das Unternehmen erreichen können. Wenn ich in meinem Unternehmen erreiche, dass jeder zehnte unserer Vertriebspartner offen über seine Gefühle und Ängste sprechen kann, und zusätzlich herausfindet, was er wirklich im Leben möchte, dann konnte ich für unser Unternehmen schon viel bewirken.

Hoffnung

Meiner Ansicht nach gibt es immer etwas, für das es sich weiter hoffen lässt und für das es sich weiter zu leben lohnt. Ich bin nicht so tief gefallen, wie bestimmt viele andere Menschen, die schon auf dem Planeten waren oder auf dem Planeten sind. Dennoch fühlte ich mich hoffnungslos, als innerhalb von zwei Monaten drei der vier wichtigsten Menschen in meinem Leben starben: mein Vater, mein Großvater und meine Großmutter. Ich denke, es lassen sich in dieser Situation viele Gründe finden, warum man hoffnungslos ist. Hoffnung ist für mich nichts Passives nach dem Motto: »Irgendwann wird es wieder«, sondern ich glaube, dass Hoffnung etwas ist, wofür ich trotzdem aktiv etwas tun muss.

Es gab nach diesen Todesfällen viele Augenblicke, in denen ich hoffen durfte. Freunde und Familienmitglieder, die mir halfen, vielleicht ein schöner Sonnenschein, einfach eine lieb gemeinte Umarmung, ein Klaps auf die Schulter, ein »Ich bin für dich da«, eine gute Note in der Schule, ein Kompliment, das ich erhielt oder ein Lächeln etc. Das waren Augenblicke, in denen ich trotzdem unbegründet ein gutes Gefühl hatte, obwohl die Todesfälle passiert waren. Es gibt Menschen, denen weitaus Schlimmeres widerfahren ist als mir und die dennoch weiter hoffen, die immer wieder etwas Hoffnungsvolles finden, etwas, für das es sich lohnt weiterzumachen. Wenn etwas Schlimmes passiert ist, sollst du traurig sein. Du sollst trauern, du sollst hinschauen. Ich glaube, dass es manche Menschen gibt, die, egal was ihnen passiert, immer noch aufstehen und sagen: »Ich kann weitermachen, weil es immer noch irgendetwas gibt, wofür ich hoffen darf.« Ich glaube, dass Hoffen etwas sehr Aktives ist und nichts Passives.

Doch viele Menschen hoffen eher oberflächlich, wenn sie beispielsweise eine Selbstständigkeit gründen. Sie sagen: »Ja, das wird schon irgendwie werden.« Nein, Hoffnung ist etwas, wofür du etwas tun musst. Wenn du genügend tust, wird irgendwann etwas zurückkommen. Immer wieder stelle ich fest, dass manche Gespräche meiner Vertriebspartner mit einem Nein enden. Sie sagen: »Da ging nichts mehr.« Ein anderer sagt: »Genau, weil er das gesagt hat, habe ich ihn zum Kunden oder zum Freund gemacht.« Es ist eine Perspektivfrage. Mir würde viel einfallen, warum die Welt das Schlimmste überhaupt ist. Mir würde aber auch viel einfallen, warum die Welt das Schönste überhaupt ist.

Eine Geschichte von einem unbekannten Autor, die mir meine Mutter zu Weihnachten geschickt hat, ist die Geschichte der vier Kerzen. Hierfür bin ich sehr dankbar.

Vier Kerzen brannten, es war ganz still. So still, dass man hörte, wie die Kerzen zu reden begannen. Die erste Kerze seufzte und sagte: Ich heiße Frieden. Mein Licht leuchtet, aber die Menschen halten keinen Frieden, sie wollen mich nicht. Ihr Licht wurde immer kleiner und verlosch schließlich ganz.

Die zweite Kerze flackerte und sagte: Ich heiße Glauben. Aber ich bin überflüssig. Die Menschen wollen von Gott nichts mehr wissen. Es hat keinen Sinn mehr, dass ich brenne. Ein Luftzug wehte durch den Raum, und die zweite Kerze war aus.

Leise und sehr traurig meldete sich nun die dritte Kerze zu Wort: Ich heiße Liebe. Ich habe keine Kraft mehr zu brennen. Die Menschen stellen mich an die Seite. Sie sehen nur sich selbst und nicht die anderen, die sie liebhaben sollen. Und mit einem letzten Aufflackern war auch dieses Licht ausgelöscht.

Da kam ein Kind in das Zimmer. Es schaute die Kerzen an und sagte: »Aber ihr sollt doch brennen und nicht aus sein!« Und fast fing es an zu weinen. Da meldete sich auch die vierte Kerze zu Wort. Sie sagte: Hab keine Angst! Solange ich brenne, können wir auch die anderen Kerzen wieder anzünden. Ich heiße Hoffnung.

Mit einem Streichholz nahm das Kind das Licht von dieser Kerze und zündete die anderen Lichter wieder an!

Hoffnung ist aktiv

Diese Geschichte zeigt noch einmal eindrucksvoll, dass Hoffnung etwas Aktives ist, denn das Kind ergreift die Kerze der Hoffnung und zündet die anderen an. Es ist nicht so, dass es von oben Feuer regnet und alle Kerzen gehen wieder von alleine an. Nein. Das Kind geht zu jeder anderen Kerze hin und zündet mit dem Feuer der Hoffnung jede andere Kerze an. Hoffnung ist also etwas Aktives und Wachsames.

Das Zitat, das ich hierzu sehr mag, lautet: »Alle Dunkelheit der Welt kann das Licht einer einzigen Kerze nicht auslöschen« (Konfuzius).

Alles ist besonders. Alles ist endlich. Gerade diese Endlichkeit macht die Dinge wertvoll, denn wenn du alles im Überfluss hast, ist es einfach da. Damit hat es weniger Wert. Die Hoffnung stirbt bekanntlich zuletzt, aber es geht nicht darum, dass man unbedingt hoffen muss, dass man doch noch gesund wird. Ich glaube allerdings, dass es besser ist, hoffnungsvoll zu sein und positiv zu denken, als depressiv zu sein und Trübsal zu blasen. Ich glaube auch, dass Hoffnung uns nicht hilft, dass wir einmal aufgrund unseres Alters sterben werden. Doch vielleicht überlegt man durch diesen bevorstehenden Tod: »Wieso hatte ich eigentlich Streit mit meinem Sohn? Wieso hatte ich eigentlich Streit mit meiner Tochter?« und hat durch dieses Wissen den Mut, die Dinge zu klären. Das ist auch wieder eine Interpretation. Ich las einmal über einen Mann, der erfuhr, dass er noch sechs Monate zu leben hat und ihn dies komplett aus der Bahn geworfen hatte. Er war psychisch zwar am Ende, sagte aber, er habe sein Leben noch nie so intensiv und bewusst wahrgenommen wie in diesen sechs Monaten. Ich bin sicher, dass dadurch, dass das Leben endlich ist, wir es ganz anders wahrnehmen, als wenn es nicht endlich wäre. Ich kann nur von mir sagen, dass ich, seitdem mein Vater gestorben ist, viele Dinge viel intensiver wahrnehme als je zuvor.

Ich erinnere mich an einen Film, in dem es um Engel und Menschen geht. Die Engel beneideten die Menschen am meisten dafür, dass sie sterblich sind.

Intrinsische Motivation

Viele Menschen werden von äußeren Erwartungen und Einflüssen angetrieben. Ihnen ist wichtig, kurzfristige Ziele zu erreichen, positive Reize oder Belohnungen zu erhalten oder negative Konsequenzen zu vermeiden. Diese extrinsische Motivation steht im klaren Gegensatz zur intrinsischen Motivation, die aus dem Inneren einer Person kommt und als wichtigste und intensivste Form der Motivation gilt. Wir erledigen Dinge, ohne eine äußere Belohnung im Blick zu haben, weil sie uns Freude bereiten.

Ich mache mir extrem viele Gedanken darüber, was jemanden motiviert. Was ist sein Traumberuf? Passt er zu seinen Motiven und zu seinem Persönlichkeitstyp? Zu seinen Fähigkeiten? Welche Träume hat er? Wie kann er seine Träume erreichen? Was kosten seine Träume? Wie kann er seine Ziele erreichen? Der Weg dorthin ist meist sehr individuell. Intrinsische Motivation entsteht meines Erachtens dann, wenn ich weiß, warum ich etwas tue, wie ich mit meinen Ängsten umgehe und wenn ich gleichzeitig eine Strategie habe, wie ich es erreichen kann. Ich kann als Mentor meinem Vertriebspartner dabei helfen herauszufinden, welches Ziel er hat, wie er seine Ängste überwindet und welches die passende Strategie ist, weil ich es oftmals selbst durchlebt und eine Strategie gefunden habe.

Ich denke, kurzfristig ist es sinnvoll, mit Belohnungen, Auszeichnungen und Incentives zu arbeiten. Allerdings glaube ich, dass langfristige Motivation gestärkt wird, wenn du individuell für dich herausfindest, was für dich Glück im Leben bedeutet. Wenn du damit deine beruflichen und privaten Ziele erreichen kannst, ist das wundervoll. Was auch extrem hilft, ist, eine Belohnung zu geben, mit der keiner gerechnet hat. Das ist nicht extrinsisch, sondern es schafft extremes Vertrauen und zahlt auf das Dankbarkeits- und Vertrauenskonto ein.

Ich kann intrinsische Motivation auch kaputtmachen, indem ich zu viele Incentives und Belohnungssysteme anbiete. Es kostet viel Zeit herauszufinden, wie die individuellen Ziele eines Mitarbeiters mit denen des Unternehmens zusammenpassen und wie er sie am besten mit gerade diesem Unternehmen erreichen kann. Wenn aber jemand seine intrinsische Motivation innerhalb des Unternehmens gefunden hat, muss ich nicht die ganze Zeit nachmotivieren. Das ist dann die höchste Form von Bindung.

Ja

Auffallend ist, dass manche Menschen »Ja« sagen, aber »Nein« meinen. Früher dachte ich, wenn ich »Nein« sage, gefährde ich die Beziehungsebene zu meinem Gegenüber. Jedes nicht ernst gemeinte Ja ist ein Nein zu sich selbst. Wenn ich das zu oft mache, vergesse ich mich selbst dabei. Häufig sind diese Ja-Sager die Leute, die am meisten von anderen gefragt werden, denn sie sagen ja immer »Ja«. Ich durfte auch lernen, dass ich die Beziehungsebene zu Menschen nicht gefährde, wenn ich »Nein« sage. Wenn ich selbst ein Nein akzeptiere, kann ich umgekehrt erwarten, dass der andere ein Nein von mir akzeptiert. Spätestens wenn du Kinder hast, darfst du ganz häufig »Nein« sagen. Wenn ich eine Sorge habe, mit einem Nein die Beziehungsebene zu gefährden, frage ich mich, was das für eine Beziehungsebene ist, in der ich nur geliebt oder gemocht werde, wenn ich immer »Ja« sage oder das mache, was der andere möchte. Eine gute Beziehungsebene zeichnet sich dadurch aus, dass sich beide Partner in der Mitte treffen. Und da gehört auch dazu, mal »Nein« zu sagen.

Auch viele Verkäufer versuchen, jedem alles Recht zu machen und sagen zu allem »Ja« und »Amen«. Meiner Erfahrung nach tut es dem Gegenüber auch gut, wenn ich über meine eigenen Interessen und meinen Nutzen spreche, denn das sorgt für Ehrlichkeit und Authentizität. Wenn ich immer »Ja« sage, bin ich nicht greifbar. Das Ziel ist zu schauen, wo ich Beziehungsebenen zu Menschen – auch zu Kunden – aufbauen kann, bei denen mein Ja und sein Ja deckungsgleich sind.

Ein Beispiel: Meinen Kunden sage ich immer, dass ich auf den ersten Blick etwas betriebswirtschaftlich nicht Sinnvolles mache. Warum? Wenn ich nur *ein* Produkt verkaufen würde von *einer* Gesellschaft, würde ich mehr Provision bekommen. Dann müsste ich deutlich weniger Zeit investieren und hätte deutlich weniger Kosten, denn ich bräuchte keine Vergleichsprogramme und hätte weniger Arbeit.

Das bedeutet, ich habe mehr Zeitaufwand bei weniger Ertrag. Das ist betriebswirtschaftlich auf den ersten Blick nicht sinnvoll. Mein Vorteil ist jedoch: Wenn ich ungebunden und breit aufgestellt berate, kann ich einem Kunden in mehreren Bereichen helfen. Wenn ich meinen Kunden so berate wie mich selbst und mir das Vertrauen hart erarbeite, bin ich davon überzeugt, dass der Kunde mit ganz vielen seiner Kaufentscheidungen auf mich zukommt und ich ihn ein Leben lang betreuen kann. Wenn der Kunde über sein komplettes Leben mit 50 Kaufentscheidungen auf mich zukommt und ich bei manchen auch ehrlich »Nein« sage, wenn ich ihm beispielsweise diese Konditionen nicht bieten kann oder sein alter Vertrag besser ist, dann habe ich mir durch diese Neins weiterhin das Vertrauen erarbeitet und verdient. Ich bin dann an 50 Kaufentscheidungen beteiligt, anstatt ihm ein Produkt zu verkaufen, von dem nur ich profitiere.

Der zweite Vorteil: Wenn ich den Kunden außerdem so berate, wie ich mich selbst beraten würde, wird er ein Interesse daran haben, mit mir zusammenzuarbeiten, wenn er tatsächlich den Unterschied zu anderen Anbietern feststellt. Wenn ich ihn wirklich so berate, wie ich mich selbst beraten würde und er einen echten Mehrwert sieht, dann ist die Wahrscheinlichkeit sehr hoch, dass die Motivation auch steigt, dass er es an Menschen weitergibt, die ihm am Herzen liegen.

Der dritte Vorteil: Wenn ich jemanden so berate wie mich selbst, ist die Wahrscheinlichkeit, dass er storniert, sehr gering.

Der vierte Punkt: Wenn ich 50 Kunden jeweils 30 Minuten berate, ist die Abschlussquote geringer, als wenn ich mit meinen potenziellen Kunden mehrere Gespräche führe und versuche, die passenden Lösungen für sie zu finden. Außerdem sinkt die Wahrscheinlichkeit, wenn ich mich weniger mit meinen Kunden beschäftige, dass sie mit vielen Kaufentscheidungen auf mich zukommen, mich empfehlen und auch langfristig bei mir Kunde bleiben, also nicht stornieren. Dann habe ich zwar pro Kunde mehr Zeitaufwand, doch die Abschlusswahrscheinlichkeit ist höher. Das bedeutet: Wenn die Abschlusswahrscheinlichkeit bei 70 bis 90 Prozent liegt, statt wenn ich 50 Kunden jeweils nur 30 Minuten berate und dann vielleicht fünf Menschen Kunde werden, habe ich in der Summe bei weniger Zeiteinsatz sowohl für den Kunden als auch für mich mehr erreicht.

Das erkläre ich meinen Kunden schon in den ersten zehn Minuten unseres Gesprächs. Zusammengefasst ist mein Nutzen, dass ich an mehreren Kaufentscheidungen beteiligt bin, er mich weiterempfiehlt und er bei mir wahrscheinlich nicht storniert. Außerdem brauche ich insgesamt pro Kaufentscheidung, an der ich beteiligt bin, weniger Zeit aufzuwenden. Das Vertrauen meines Kunden hat einen essenziellen Nutzen für mich, den ich mir erarbeiten darf.

Welchen Nutzen der Verkäufer hat

Bereits im Erstgespräch spreche ich in den ersten zehn Minuten über meinen Nutzen als Verkäufer. Ich habe das Gefühl, dass ich damit sehr viel Vertrauen bei meinem Kunden erzielen kann, wenn er genau weiß, was mein Vorteil ist. Für mich schaffen Verkäufer dadurch Vertrauen, wenn ich verstehe, was sie davon haben. Ich spreche direkt am Anfang viele kritische Themen an, bei denen viele Verkäufer Angst haben, darüber zu sprechen. Dadurch, dass ich offen anspreche, was mein Vorteil ist, schaffe ich Vertrauen und dadurch, dass mein Kunde versteht, dass mein Nutzen auch sein Nutzen ist, entsteht eine Partnerschaft. Ich erkläre meinem Kunden, dass ich an der maximalen Anzahl an Kaufentscheidungen beteiligt sein will, dass ich Empfehlungen will, keine Stornos möchte und eine gute Conversion-Rate von der Zeit, die ich investiere, bis zum Abschluss. So entsteht Vertrauen.

Ich erkläre ihm, dass diese vier Vorteile für mich nur dann funktionieren, wenn sie auch für ihn funktionieren. Das ist hier der Fall, denn es hat einen Nutzen für ihn, mit vielen Kaufentscheidungen zu mir zu kommen. Es hat einen Nutzen für ihn, wenn ich ihn berate, dass er das Produkt oder die Dienstleistung seiner Familie empfiehlt.

Wenn er das Produkt besser verstanden hat, ist die Wahrscheinlichkeit deutlich geringer, dass er zu anderen Anbietern wechselt. Es hat einen Nutzen für ihn, nicht zu stornieren, denn je häufiger man seine Produkte wechselt, desto teurer wird es für den Kunden. Außerdem ist es vorteilhaft, wenn ein Berater sich viel Zeit für ihn nimmt. Ich kann doch mit den Kunden offen über alles reden. So gerate ich nicht in eine Bittstellung, sondern schaffe Vertrauen, da er meinen Nutzen versteht und er deckungsgleich mit seinem Nutzen ist, denn ich bekomme nur meine Vorteile, bzw. meinen Nutzen, wenn ich ihn so berate, wie ich mich selbst berate. Für ihn hat das einen essenziellen Vorteil, dass ich ihn so berate, wie ich mich selbst berate.

Die Sache mit den Baukränen

Ich habe keine Ahnung, wie man Baukräne verkauft. Aber ich stelle mir vor, ich würde Baukräne verkaufen und würde nur das erste Gespräch nach diesem Muster führen – ohne eine Ahnung vom Verkaufen von Baukränen. Das Eröffnungsgespräch könnte so ablaufen: »Ich bin sehr dankbar, dass das Gespräch heute stattfindet, denn es war nicht einfach, heute bei Ihnen einen Termin zu bekommen. Vielen Dank, dass Sie sich die Zeit nehmen. Heute möchte ich Sie davon überzeugen, dass ich großes Interesse daran habe, dass Sie die richtige Kaufentscheidung für sich und nicht für mich treffen. Ich erkläre Ihnen, welchen Vorteil es für mich hat, wenn Sie die passende Entscheidung für sich treffen, vielleicht auch ein kleineres Produkt kaufen oder sogar gar nicht bei uns zu kaufen, weil es nicht zu Ihnen passt.

Mir geht es wirklich darum, dass Sie die richtige Entscheidung für sich treffen. Ich zeige Ihnen, welchen Nutzen es für mich hat, mir Ihr Vertrauen zu erarbeiten, unabhängig davon, ob es zu einem Kauf kommt oder nicht.

Mein Unternehmen muss viel Zeit und Geld in Außendienst-Mitarbeiter investieren, um die Chance zu bekommen, bei einem Geschäftsführer wie Ihnen, vorsprechen zu dürfen. Wenn ich mir Ihr Vertrauen jetzt erarbeite, indem ich in dieser aktuellen Situation feststelle, nicht das passende Produkt für Sie zu haben, sondern herausfinde, dass ein Konkurrent ein passenderes Produkt für Sie hat und Ihnen das ehrlich sage, schätze ich die Wahrscheinlichkeit, dass Sie mit einer anderen Kaufentscheidung wieder auf mich zukommen, als sehr hoch ein. Diese Strategie hat sich in der Vergangenheit bei meinen Kunden bewährt, denn wenn ich meine Kunden ehrlich berate und das für sie passende Produkt herausfinde, ohne dabei an meinen eigenen Verkauf zu denken, erhöht sich die Wahrscheinlichkeit des Wachstums meiner Kunden. Damit werden sie mehr Kaufentscheidungen treffen, was ein gigantischer Vorteil für mich ist.

Wenn Sie mit mehreren Kaufentscheidungen auf mich zukommen und ich Ihnen ehrlich meine Meinung sage, wenn ich nicht das passende Produkt für Sie habe, dann steigt die Wahrscheinlichkeit enorm, dass Sie mit der zweiten und dritten Kaufentscheidung und auch allgemein auf mich zukommen. Dadurch, dass ich an mehr Kaufentscheidungen beteiligt bin, steigen meine Chancen auf einen Produktverkauf vor allem dadurch, dass ich mir Ihr Vertrauen hart erarbeitet habe. Wenn ich Sie immer ehrlich berate und Ihnen immer ehrlich meine Meinung sage und Ihnen beweisen kann, dass es mir um Ihren Vorteil geht, dann spare ich mir sehr viel Arbeit, um Erstverkaufsgespräche zu terminieren.

Der zweite Vorteil ist, Sie sind in dieser Branche vernetzt. Sie werden sich mit anderen Unternehmen austauschen. Wenn ich mir Ihr Vertrauen erarbeite und Sie erkennen, dass da jemand ist, der nicht nur seinen eigenen Vorteil im Kopf hat, sondern dem es wirklich um Sie als Unternehmer geht und Sie uns deshalb weiterempfehlen, können wir uns viel Geld und Zeit sparen, um neue Unternehmer, die Baukräne brauchen, zu akquirieren.

Dritter Vorteil: Wenn ich das Passende für Sie heraussuche, haben unsere Reklamationsabteilung und unser Qualitätsmanagement deutlich weniger Arbeit und Ärger.

Der vierte Vorteil ist, dass wenn ich Sie so berate, wie ich mich selbst beraten würde, ich zwar für Sie mehr Zeitaufwand habe, den ich gerne investiere, weil es für mich den Vorteil hat, dass wenn ich mehr Zeit in Sie investiere, wirklich auf Ihre Bedürfnisse eingehe, ich die Abschlusswahrscheinlichkeit erhöhe, dadurch mehr Kunden gewinne und weniger Zeit in Akquise investieren muss, um die gleiche Menge an Kunden für mich zu gewinnen. Das schaffe ich nur, wenn ich Ihre Interessen in den Vordergrund stelle und nicht mit maximalem Gewinn für uns verkaufe.

Ich selbst bin nicht der Experte für all Ihre fachlichen Fragen, ich bin der Experte für den Umgang mit Menschen in unserem Unternehmen. Das bedeutet, wir schauen jetzt Ihre Bedürfnisse an, bei denen ich helfen werde, diese herauszufinden und mein Kollege, der heute hier mit dabei ist, steht Ihnen für alle fachlichen Fragen zur Verfügung. Er wird Ihnen helfen, auf rationaler Ebene das passende Produkt für sich zu finden.

Was denken Sie über meine Ausführungen? Was halten Sie davon? Sagen Sie mir bitte offen Ihre Meinung.

Ein Ja macht dann Spaß, wenn es häufig passiert, dass der Nutzen des Gegenübers auch mein Nutzen ist. Das nenne ich Partnerschaft. Wenn ich allerdings, um Erfolg zu haben, egal ob in einer Beziehung oder bei der Arbeit, immer wieder »Ja« sage und »Nein« meine, ist es mega ungesund für mich und sorgt für extrem viel Unglück. Dann macht es Sinn, sich Gedanken zu machen, ob die Person in meinem Umfeld, bei der ich meist »Ja« sage und »Nein« meine, wirklich für eine dauerhafte Partnerschaft mit mir geeignet ist, die auch langfristig gesund ist.

Deshalb schätze ich Strukturvertrieb oder auch Network-Marketing so sehr, wenn es sinnvoll aufgebaut ist, weil bei einem sinnvoll aufgebauten Strukturvertrieb oder einem Network-Marketing-Unternehmen die Interessen gleichgerichtet sind. Es gibt kein Unternehmen, bei dem die Interessen so gleichgerichtet sind wie beim Strukturvertrieb, denn ich werde nur dann befördert, wenn ich mein Team erfolgreich mache. So muss es zumindest aufgebaut sein. Du musst in einem Strukturvertrieb schnell in hohe Positionen kommen können. Du brauchst Menschen, die sich gut um dich kümmern. Du musst schnell viel vom Kuchen bekommen können. Du musst auch, wenn du schneller bist als dein Mentor, diesen überholen können. Aber am meisten kommt es darauf an, dass die Menschen sich um dich kümmern.

In einem Strukturvertrieb mit guten Mentoren musst du eigentlich nichts können. Du musst nur herausfinden, wann du etwas nicht kannst und dann um Hilfe bitten. Wenn dir dann jemand nicht hilft oder permanent nicht helfen kann, dann weißt du wahrscheinlich, dass du dort falsch bist.

Wichtig ist, Menschen nicht nur einzustellen, um an ihnen Geld zu verdienen, sondern sich wirklich um sie zu kümmern. Nur wenn ich mich wirklich um sie kümmere, habe ich es mir auch verdient, gemeinsam mit ihnen Geld zu verdienen.

Für mich ist der Strukturvertrieb dann das fairste Vergütungsmodell, wenn ich mit anderen gleichziehen kann, wenn ich gleich viel Leistung bringe wie sie oder ich sie sogar überholen kann, wenn ich mehr Leistung bringe als sie.

Wenn ich einen Strukturvertrieb oder ein strukturiertes Vertriebssystem aufbaue und gewisse Voraussetzungen erfülle, denke ich, dass es auf dieser Welt kein System gibt, in dem die Interessen gleichgerichteter sind als bei diesem. Nur dann werde ich erfolgreich, wenn mein Team erfolgreich wird. Nur dann werde ich befördert, wenn mein Team befördert wird. Ich denke, das ist in ganz vielen Unternehmen nicht der Fall.

Können

Eine der wichtigsten Erkenntnisse aus meinen Coachings war, dass ich ganz oft sagte: »Ich kann nicht.« Inspirierend war, dass mein Coach entgegnete: »Du willst nicht.« Das brachte mich automatisch von der Opferrolle in die Täterrolle (s. auch unter Opferrolle). Als ich meinem Coach von der Zusammenarbeit mit einem Dienstleister erzählte und sagte: »Ich kann ihm nicht mehr vertrauen«, ließ er mich eine halbe Stunde darüber nachdenken, welches Wort an diesem Satz falsch ist. Ich sollte nur ein Wort tauschen, kam aber nicht darauf. Dann sagte mein Coach: »Nein, du willst ihm nicht mehr vertrauen.« Dazu gehört Mut zu sagen: »Ich will dir nicht mehr vertrauen.«

Mein Coach gab mir dazu ein Beispiel und fragte mich: »Wenn dich deine Partnerin betrügen würde, würdest du dann sagen: ›Ich kann ihr nicht mehr vertrauen‹ oder ›Ich will ihr nicht mehr vertrauen?‹« Am Anfang meines Coachings wäre ich der Typ gewesen, der in der Opferrolle gewesen wäre und gesagt hätte: »Ich kann ihr nicht mehr vertrauen.« Allerdings durch das Gedankenspiel von Können, also Opferrolle, hin zu »wollen« zu kommen, fiel es mir durch dieses Beispiel sehr leicht, vom Können ins Wollen und in die Täterrolle zu kommen, weil ich in einer Beziehung leben will, in der ich vertrauen kann. Dadurch konnte ich sehr einfach das »kann« in »will« verändern.

Weiter fragte mich mein Coach: »Gibt es die Möglichkeit, dass jemand betrogen wird und danach wieder ein neues, tiefes Urvertrauen zu seiner Partnerin oder seinem Partner aufbauen kann? Kannst du dir vorstellen, dass das möglich ist?« Im ersten Moment hätte ich diese Frage verneint, doch es geht nicht um das Können, sondern um das Wollen. Bei dem Können nehme ich mir die Möglichkeit, Teil der Handlung zu sein. Ich bin passiv und Opfer. Für mich ist es schöner, selbst das Zepter von meinem Leben in der Hand zu haben, anstatt im Nicht-Können zu verweilen. Daher antwortete ich: »Ja, ich denke, das ist möglich.«

Wenn ich sage: »Ich kann das nicht«, bringt dieser Satz keine Lösung in die eine oder andere Richtung, sondern er erstarrt mich einfach nur. Wenn ich allerdings stattdessen sage: »Ich will das nicht«, ist es eindeutig und beinhaltet eine klare Position. Schon Stromberg, der Hauptcharakter der gleichnamigen Serie, sagt: »Kann nicht wohnt in der Will-nicht-Straße« oder anderes ausgedrückt: »Geht nicht, gibt's nicht.«

Wenn ich also in diesem Satz nur ein Wort verändere, komme ich raus aus der Opferrolle hin zur Täterrolle. Total simpel. Diese Erkenntnis hat mein Leben auf jeden Fall dramatisch verändert. Nicht mehr zu sagen: »Ich kann nicht«, sondern »Ich will nicht«.

Diesen Satz »Ich kann nicht« höre ich sehr oft in Gesprächen. Mittlerweile falle ich auch einem Vertriebspartner direkt ins Wort, wenn er sagt: »Ich kann nicht«. Dann stelle ich mittlerweile auch die Frage: »Welches Wort musst du in diesem Satz austauschen?« und öffne ihm damit die Tür, selbst das Zepter seines Lebens und seiner Vertriebstätigkeit in die Hand zu nehmen. »Ist okay. Sag bitte: Ich will nicht.« Ich höre die Äußerung »Ich kann nicht« deutlich weniger und glaube, dass ich es mit dieser Reaktion schaffe, mein Vertriebsteam mehr in die Täterrolle zu bringen oder es ihm zumindest erleichtere und ihm die Tür öffne. Durch die Tür gehen müssen meine Vertriebspartner natürlich selbst.

Selbstverständlich gibt es Punkte, die ich nicht kann. Ich werde niemals fliegen können wie ein Vogel. Doch hier geht es um Emotionen. Ich denke, dass ich bei Emotionen in den meisten Fällen mein Können durch mein Wollen ersetzen kann. Wenn du das tust, ist es zwar im ersten Moment eigenartig, weil du selbst dafür verantwortlich bist. Doch indem du »können« durch »wollen« ersetzt, bringt es dich wieder ans Ruder.

Liebe

Eines Abends sah ich im Fernsehen die Show »Das Supertalent«, und es bewegte mich wieder einmal sehr, wie Menschen auf der Bühne stehen und einfach mit ihrem Gesang andere Menschen emotional erreichen können. In dieser Show hatte jemand ein Gedicht geschrieben, das mich emotional genauso stark erreicht hatte wie ein Lied. Ich dachte immer, dass man nur mit Liedern Menschen bewegen könne, doch hier war es ein Gedicht. So schrieb ich selbst das folgende Gedicht:

Es ist als Pendant zu dem Gedicht über Trauer zu lesen (s. auch unter Trauer):

Manche sagen, Liebe sei das Größte auf Erden.
Sie gibt uns Kraft und hilft uns aus jedem Verderben.
Durch die Liebe fühlen wir uns nie allein.
Durch sie werden unsere geliebten Verstorbenen immer bei uns sein.

Liebe ist die beste Antwort auf jede Frage.
Durch sie erfahren wir die schönsten Tage.
Die Liebe zu Rat zu nehmen, kann uns jeden Tag nützen.
Mit ihr können wir traurige Menschen am besten unterstützen.

Liebe führt am Ende zu ewigem Leben.
Denn durch die Liebe, die wir geben,
werden wir in den von uns geliebten Menschen für immer weiterleben.
Liebe ist die Antwort auf Schmerz, Trauer und Wut.
Am Ende wird durch Liebe alles gut.
In Liebe zu leben, was kann es Schöneres geben.

Jeder, der die Liebe will,
erhält durch sie das positive Gefühl.
Die Liebe geht niemals weg.
Zu lieben ist der größte Lebenszweck.
Für dauerhaftes Glück ist Liebe der Beleg,
denn geliebt zu werden ist das größte Privileg.
Jeden Tag an die Liebe zu denken, wird unser Leben am besten lenken.
Liebe wird für immer bleiben.
Das kann niemand von uns vermeiden.
Da die Liebe für immer bleibt,
bin ich an jedem Tag bereit,
das Beste an jedem und auch mir zu sehen
und das Leben richtig zu verstehen.

Denn, wenn die Liebe für immer bleibt,
dann ist es sie, die mich jeden Tag positiv antreibt.
Wenn wir die Liebe jeden Tag in uns sehen,
wird die Sonne jeden Tag mit uns aufgehen.
Liebe ist das Größte auf Erden.
Durch die Liebe werden wir niemals sterben.

Wenn du möchtest, kannst du ein Bild von diesem Gedicht über die Liebe machen und es direkt neben das Gedicht über die Trauer (s. auch unter Trauer) legen. Du wirst feststellen, dass du Dinge auf die eine oder auf die andere Art und Weise betrachten kannst, denn das Gedicht ist symmetrisch zueinander aufgebaut.

In manchen meiner Vorträge stelle ich die Frage: »Liebst du dich selbst?« Neun von zehn Personen zögern und sagen: »Vielleicht, wenn ich dieses oder jenes noch mache oder wenn ich diese und jene Leistung bringe.« Noch nie erlebte ich in einem Vortrag, dass jemand antwortete: »Natürlich liebe ich mich und zwar von ganzem Herzen.« Ich denke, viele Menschen haben Angst, das so zu sagen, weil sie dann womöglich als arrogant oder hochnäsig wahrgenommen werden. Doch Liebe kennt keine Arroganz. Das ist falsch, so zu denken.

Ich kann mich selbst lieben. Wenn ich mir selbst keine Liebe gebe, warum sollten es dann andere tun? Wie sollte ich meinen Kindern Selbstliebe beibringen, wenn ich es selbst nicht vorlebe? Ein Gedankenspiel: Wenn du in einer Runde Eltern fragst, ob sie ihr Kind lieben, bekommst du wahrscheinlich eine aggressive Antwort: »Ja natürlich, was soll die Frage? Glaubst du, ich liebe mein Kind etwa nicht?« Jetzt stell dir das umgekehrt vor, wir würden es schaffen, so für uns selbst einzustehen. Wenn wir auf die Frage: »Liebst du dich selbst?« so aggressiv reagieren und sagen: »Ja, natürlich liebe ich mich selbst. Was soll die Frage? Glaubst du, ich liebe mich etwa nicht?«, würden wir sehr wahrscheinlich als arrogant wahrgenommen werden. Doch wenn wir Ängste oder negative Emotionen weglassen: Wie cool wäre es, wenn wir sagen: »Natürlich liebe ich mich selbst. Was soll die Frage?«

Wie cool wäre es, wenn wir für uns genauso einstehen würden wie für unsere Kinder? Genau das dürfen und sollten wir tun. Wenn du möchtest, dass dein Kind in Liebe groß wird, fang bei dir selbst an. Kinder nehmen viele Verhaltensweisen von ihren Eltern an. Wenn du dir also Gutes tust, dann tut sich auch das Kind Gutes. Wenn ich allerdings nur dem Kind Gutes tue und mich selbst dabei vergesse, ist es sehr schwierig, dabei glücklich, entspannt und positiv zu sein, und das bekommt das Kind auch mit. Ich glaube, dass Liebe unendlich ist, und wenn ich mir selbst Liebe gebe, fällt es mir deutlich einfacher, meinem Kind auch Liebe zu geben sowie positiv, glücklich und entspannt zu sein. Dadurch schaffe ich es selbst viel einfacher, dass mein Kind sich selbst auch Liebe, Selbstwert, Selbstachtung und Selbstwertschätzung geben kann. Ich glaube, es macht Sinn, das vorzuleben, so dass es sowohl für mich als auch für das Kind von Vorteil ist. Du darfst dich selbst lieben, und du darfst selbst ein eigenes Lebensziel haben. Wenn ich möchte, dass mein Kind ein eigenes Ziel im Leben entwickelt, macht es auch für mich Sinn, ein eigenes Lebensziel zu haben.

Liebe dich von ganzem Herzen

Wenn wir Einfluss darauf nehmen möchten, wie sich unsere Kinder entwickeln, dann ist es meiner Ansicht nach am besten, ihnen die Dinge vorzuleben. Ich denke, wenn wir uns so verhalten, wie wir es von unseren Kindern möchten, haben wir die größte Chance, sie dazu einzuladen, das auch so zu tun.

Zum Beispiel: Wenn du möchtest, dass dein Kind ein Lebensziel hat, habe selbst ein Lebensziel. Wenn du möchtest, dass dein Kind sich liebt, liebe dich selbst. Wie soll dein Kind Selbstliebe lernen, wenn du dich selbst nicht liebst? Wenn du möchtest, dass dein Kind »Danke« sagt, dann bedanke dich auch bei deinem Kind.

Meine Kinder geben mir die Stärke, dass ich sagen kann: »Ich liebe mich von ganzem Herzen«. Denn: Wenn ich das selbst nicht von mir sagen kann, mache ich es meinem Kind unmöglich, sich selbst von Herzen zu lieben oder mache es ihm wesentlich schwerer. Das bedeutet: Dein Kind macht dich stark, denn dein Kind hat es durch die Frage »Was würde ich meinem Kind wünschen?« geschafft, dir die Stärke zu geben, eine unglaubliche Selbstliebe für dich zu empfinden, weil du sie für dein Kind haben möchtest. Wenn du willst, dass dein Kind »Danke« sagt, sag selbst »Danke«. Wenn du willst, dass dein Kind »Bitte« sagt, sag selbst »Bitte«. Wenn du willst, dass dein Kind sich gesund ernährt, ernähre dich selbst gesund. Wenn du willst, dass dein Kind nicht nur an materiellen Dingen Spaß hat, habe selbst nicht nur an materiellen Dingen Spaß. Es ist so einfach und auch wieder so schwer zugleich. Die zentrale Frage ist für mich: Was würdest du deinem Kind wünschen?

Ein schönes Sprichwort, das ich dazu gelesen habe, ist: »Liebe ist nur ein Wort, bis jemand kommt, der ihm eine Bedeutung gibt.« Für meine Partnerin bedeutet Liebe, einen Menschen zu hundert Prozent so annehmen zu können, wie er ist und zu hundert Prozent zu geben, ohne es an eine Bedingung zu knüpfen, ohne etwas dafür zu bekommen. Ich denke, es ist nicht immer einfach, jemanden voll und ganz zu akzeptieren, wenn er anders ist. Doch wenn ich wirklich liebe, kann ich das, auch wenn der andere anders ist. Das bedeutet: Liebe akzeptiert.

Liebe versteht den anderen und sieht seine Bedürfnisse. Liebe bedeutet Respekt. Dazu gehört für mich auch, dass wir gewaltfrei miteinander kommunizieren (s. auch unter Gewaltfreie Kommunikation).

Liebe bedeutet Offenheit, dass wir z. B. offen über unsere Gefühle sprechen (s. auch unter Offenheit).

Liebe bedeutet Intimität und Sexualität. Ich finde, dass das der beste Gradmesser dafür ist, ob eine Beziehung langfristig funktioniert oder nicht. Ich habe das Gefühl, dass Sexualität in der Regel das ist, was als erstes wegfällt, wenn eine Beziehung nicht mehr funktioniert. Doch das lässt sich sicher nicht verallgemeinern. Auf jeden Fall sind Intimität und Sexualität ein wichtiger Bestandteil von Liebe.

Liebe bedeutet auch, »Nein« sagen zu können. Es ist in Ordnung, wenn jeder auch mal seinen eigenen Weg geht. Liebe ist also nur ein Wort. Die Bedeutung geben wir.

Meine älteste Tochter hat einmal etwas sehr Schönes und Passendes zum Thema Liebe gesagt: »Wenn zwei sich mögen, kann man das nicht verhindern.«

Als sie in der zweiten Klasse war, durfte sie an die Fenster Weihnachtsmotive malen. Sie schrieb ganz von sich alleine darauf: »Das Wichtigste an Weihnachten ist Liebe.« Ich hatte den Satz von ihr vorher nie gehört und fand es sehr schön, diesen Satz von ihr zu lesen.

Manipulation

Der Begriff Manipulation stammt von dem französischen Wort manipuler, das handhaben bedeutet oder auch aus den lateinischen Wörtern manus = die Hand und plere = füllen, wörtlich eine Handvoll (haben), etwas in der Hand haben. In der Psychologie, Politik und Soziologie bedeutet Manipulation die gezielte und verdeckte Einflussnahme auf Menschen, ohne deren Wissen und häufig auch gegen deren Willen. Für mich bedeutet Manipulation ein undurchschaubares, geschicktes Vorgehen, mit dem sich jemand einen Vorteil verschafft, ohne dabei auf die Bedürfnisse des anderen zu achten.

In einer Ausbildung sagte ich einmal zu einem Vertriebspartner: »Eine Entschuldigung ohne Veränderung ist Manipulation.« Ich kenne Menschen, die permanent Fehler machen und sich immer wieder dafür entschuldigen. Sie denken, damit sei die Sache vom Tisch, wiederholen aber permanent ihre Fehler. Das ist für mich reine Manipulation. Etwas zu sagen, ist das eine, doch das Handeln danach ist das viel Entscheidendere. Du kannst auch sagen: »Worte ohne Taten sind Manipulation« oder auch: »Nicht ein Mund spricht die Wahrheit, sondern die Taten.«

Für mich ist Manipulation in den meisten Fällen etwas Kurzfristiges. Ich glaube, dass du mit Manipulation meist nur kurzfristig etwas in jemandem auslösen oder bewegen kannst. Langfristig wird es dem anderen auffallen, dass etwas nicht zu ihm passt oder nicht gut für ihn ist. Ein Beispiel: Du kannst jemanden kurzfristig motivieren, in deinem Vertriebsunternehmen zu bleiben, vielleicht gelingt es dir auch mittelfristig, doch ich glaube, dass wenn jemand gute Ergebnisse erzielen möchte, du ihn nicht manipulieren, sondern herausfinden solltest, ob er das wirklich möchte oder nicht. So gelingt es dir eher, wirklich nur die Menschen anzuziehen, die auch langfristig Spaß an diesem Job haben können.

Ein kurzer Einblick in die AEC-Potenzialanalyse soll den Begriff Manipulation weiter verdeutlichen. AEC ist eine Persönlichkeitsanalyse, die beispielsweise Unternehmen mit ihren Mitarbeitern durchführen, um Managementpotenzial zu sichten. AEC zeigt individuelle Stärken und Schwächen, ob jemand zum Beispiel eher ein emotionaler oder sachlicher Mensch ist. Außerdem wird aufgezeigt, was den Einzelnen antreibt, bzw. motiviert.

Mit der AEC-Analyse soll die Sozial- und Persönlichkeitskompetenz von Menschen gefördert werden. Sie basiert auf einem von Psychologen entwickelten Online-Fragebogen. Die Antworten werden dazu verwendet, die unterschiedlichen Ausprägungen und Verhaltensweisen zu analysieren. Hierbei wird zwischen einem sogenannten natürlichen und einem angepassten Verhalten unterschieden. In unserem Unternehmen wird die Analyse mit jedem einzelnen Mitarbeiter gemacht. Mir persönlich hat sie vor allem in der Kommunikation und im Umgang mit Kollegen geholfen, doch auch im privaten Bereich.

Bei der AEC-Analyse gibt es vier Stiltypen, die vier Farben zugeordnet werden:

- Rot: der führende Stil
- Gelb: der mitteilsame Stil
- Grün: der kooperative Stil
- Blau: der normative Stil

Wenn du beispielsweise einem nach der AEC-Analyse dominanten »roten« Mensch sagst: »Das schaffst du nicht«, löst dies bei ihm eine abartige Motivation aus. Bei einem »Grünen« löst es automatisch Angst aus. Hier kannst du gezielt Triggerpunkte setzen und Menschen manipulieren. Manipulation ist meist nur kurzfristig, es sei denn, du wendest sie permanent an. Die Frage ist, ob du das willst. Doch irgendwann merkt der andere, dass er manipuliert wurde. Dann kannst du es entweder weiter machen oder lassen. Die Frage ist, ob du ein solcher Mensch sein willst, der andere manipuliert. Wenn du wirklich etwas

Nachhaltiges von jemandem willst, bringt es nichts, ihn zu manipulieren. Davon bin ich fest überzeugt. Es bringt viel mehr, herauszufinden, was derjenige wirklich will, was seine intrinsische Motivation ist (s. auch unter Intrinsische Motivation). Dann muss ich nicht manipulieren, denn langfristig habe ich überhaupt nichts davon, Menschen zu manipulieren.

Wenn jemand dominant ist, darfst du ihn anders behandeln, als wenn er emotional ist. Wenn er rezessiv ist, darfst du ihn anders behandeln, als wenn er rational ist. Das ist vollkommen okay. Mein Eindruck ist, dass es demjenigen, der manipuliert, egal ist, ob es eine negative Konsequenz für den anderen hat. Er stellt seinen eigenen Vorteil über den des anderen. Doch ich denke, dass man in einer Beziehung, egal ob geschäftlich oder privat, nur langfristig etwas davon hat, wenn es für beide Beteiligten gut ist, denn das andere ist nur kurzfristig. Wenn ich den »Roten« permanent antreibe mit: »Wenn es einer schafft, dann du«, ist er ein rein Getriebener. Auch er braucht irgendwann einmal eine Pause. Ich denke, dass es wichtig ist zu schauen, was der andere wirklich will. Dann ist Manipulation vollkommen überflüssig.

Neid

Neid kommt nur dann zustande, wenn ich mich mit anderen vergleiche. Das heißt, ich suche mein Glück im Außen und nicht im Inneren. Wer sich also mit anderen vergleicht, sucht sein Glück im Außen. Glück ist jedoch etwas, das im Inneren entsteht (s. auch unter Glück). Wenn Glück im Inneren entsteht, kann ich mich von der Emotion Neid verabschieden, denn dann gibt es keinen Vergleich mehr. Wer glücklich ist, denkt nicht in Kategorien wie vergleichen. Ihm geht es nicht darum, glücklicher zu sein als ein anderer Mensch, der glücklich ist. Ihm ist wichtig, mit unglücklichen Menschen sein Glück zu teilen und sie glücklich zu machen. Glück kennt keinen Vergleich, genauso wie Liebe keinen Vergleich kennt. Wenn ich in Liebe und in Glück lebe und mich dafür entscheide, dann kann ich mich von solchen Emotionen wie Neid verabschieden. Das ist eine wichtige Erkenntnis, dass ich mein Glück selbst in der Hand habe. Ich denke schon, dass du ganz neutral schauen kannst, wenn jemand bessere Zahlen hat oder bei irgendetwas anderem besser ist. Gut ist es dann, auf den anderen zuzugehen und ihn um Rat zu fragen und ihn zu fragen, wie er das erreicht hat. Das passt zu meiner zweiten Zutat (s. Glück, persönliche Weiterentwicklung oder auch unter Mut, um Hilfe zu bitten).

Folgendes Gedankenspiel ging ich mit meinen Vertriebspartnern durch oder auch mit Menschen, die angestellt sind und über eine Selbstständigkeit nachdenken. Es zeigt eindrucksvoll, was Neid mit Vergleichen zu tun hat.

Stell dir vor, du würdest eine Gehaltserhöhung auf 3.000 Euro bekommen. Alle anderen von deinen Kollegen erhalten allerdings eine Gehaltserhöhung auf 4.000 Euro. Das ist das eine Szenario. Das zweite Szenario ist: Dein Gehalt wird auf 2.500 Euro erhöht und das deiner Kollegen nur auf 2.200 Euro. Welches dieser beiden Szenarien würdest du lieber wählen?

Bei dem Gedankenspiel ist es häufig so, dass die Menschen lieber die 2.500 Euro nehmen und damit der Bestverdienende in der Abteilung sind, anstatt die 3.000 Euro zu nehmen, weil sie sich ja dann mit den anderen vergleichen. Ich denke mir: »Ist doch ganz egal. Dann nehme ich doch die 500 Euro mehr.« Ich stellte fest, dass viele erstmal eine Weile über die Antwort nachdachten. Wenn ich die Frage anders stellen würde, würde die Antwort mit Sicherheit schneller kommen. Wenn ich nämlich frage: »Willst du für den gleichen Job 3.000 Euro oder 2.500 Euro?«, würden wahrscheinlich ausnahmslos alle 3.000 Euro antworten. Das ist erstaunlich, was es ausmacht, sich zu vergleichen und wie schnell dann Neid entstehen kann.

Bei dem Unternehmen, bei dem ich arbeitete, bevor ich zu Königswege kam, war ich in vier Jahren dreimal auf Platz eins und einmal auf Platz drei in der jeweiligen Position. Zwei Jahre lang war ich allerdings auf den unteren Positionen. Warum? Diese zwei Jahre hatten eines gemeinsam: In dieser Zeit habe ich mich mit anderen verglichen. Ich erhielt mehrmals im Monat eine 50-seitige Auswertung darüber, wie ich im Vergleich zu anderen stehe. Tatsächlich schaute ich jeden Tag in die wichtigsten Kennzahlen, wie ich im Vergleich zu den anderen stand. Ich holte mir Ratschläge von außen und warf immer wieder alles über den Haufen. Ich schaute mehr im Außen als im Inneren. Das verwirrte mich so sehr, dass ich mir schließlich Ziele für mich setzte und langfristiger an meinem Kurs festhielt.

Es gibt viele Menschen, die über andere hetzen mit dem einzigen Zweck, sich selbst aufzuwerten. Für mich ist es dumm zu hoffen, dass es den anderen schlechter geht als mir, nur damit ich mich dabei aufwerte. Ich möchte mich gar nicht davon freisprechen, dass ich das in diesem Punkt immer perfekt mache. Ich glaube aber, dass es für viele Menschen der Hauptpunkt ist, wie sie vermeintliches Glück in ihr Leben bringen, indem sie sich mit anderen vergleichen, sie kleinreden, um sich selbst damit aufzuwerten. Wenn jemand bei dir schlecht über andere redet, ohne die positive Absicht zu haben, wirklich etwas zu verbessern, dann solltest du dich fragen, ob derjenige dann womöglich nicht auch über dich schlecht bei anderen redet. Ich bezweifle sehr stark, dass diese Menschen, die schlecht über andere sprechen, um sich aufzuwerten, tatsächlich glücklich sind oder es werden.

Offenheit

Häufig stelle ich fest, dass Menschen Angst vor Offenheit haben. Im Grunde ist es einfach, offen zu kommunizieren. Wenn du es über Monate oder Jahre hinweg praktizierst, wirst du feststellen, dass es dir sogar eher schwerfällt, Dinge nicht offen anzusprechen. Für mich ist es fast schon eine Qual, Menschen nicht offen das zu sagen, was ich gerade fühle und denke.

Manchmal macht es mehr Sinn, wenn man offen kommunizieren möchte, dass man sich persönlich trifft. Mir fällt es enorm schwer, das nicht sofort zu machen. Gleichzeitig habe ich bessere Erfahrungen gemacht, wenn ich mich persönlich mit dem anderen treffe, um die Dinge offen anzusprechen statt per Telefonat, Sprachnachricht oder Mail. Hier können schnell Missverständnisse entstehen, was bei einem persönlichen Treffen meiner Meinung nach reduziert wird. Hinzu kommt, dass ich die Zeit habe, die Emotion erst einmal sacken zu lassen, während ich auf das persönliche Treffen warte. Ich merke nur, dass es für mich mittlerweile das andere Extrem ist, weil ich offene Kommunikation so stark lebe. Wenn ich nicht sofort offen kommunizieren kann, aus welchen Gründen auch immer, beispielsweise weil ich gerade emotional aufgeladen bin, wo es Sinn macht, sich erstmal ein Stück zurückzunehmen, oder weil es Sinn macht, das nicht am Telefon zu klären, sondern persönlich, merke ich, dass in mir etwas ist, das unruhig wird, das frustriert wird.

Ich denke, es hat definitiv etwas mit Gewohnheit zu tun. Viele Menschen sind es nicht gewohnt, offen zu kommunizieren. Das hat verschiedene Gründe. Wir lernen von klein auf, dass man keine Fehler machen soll. Unser Schulsystem lädt oft nicht dazu ein, Fehler zu machen. Was viele Schulen anbieten und was ich als sehr gut erachte, ist, dass sich Kinder eigenständig Projekte suchen können, was meiner Meinung nach intrinsische Motivation extrem fördert. An eigenen

Projekten arbeiten Kinder häufig deutlich motivierter mit (s. auch unter Intrinsische Motivation).

Nicht nur in unserem Schulsystem, sondern auch in unserem Unternehmensalltag steht extrinsische Motivation auf der Tagesordnung, anstatt die intrinsische Motivation von Menschen mit dem Unternehmen in Einklang zu bringen.

Das ist auch bei Zielen der Fall. Es gibt extrinsische Ziele, wie du im Unternehmen aufsteigen kannst. Doch viele Unternehmen beschäftigen sich nicht mit der Frage: Was bringt dir das für dich selbst, im Unternehmen aufzusteigen? Generell schauen die meisten Menschen mehr von außen nach innen als von innen nach außen. Das ist meiner Ansicht nach der Grund, warum wir verlernt haben oder nie gelernt haben, offen zu kommunizieren. Für mich persönlich bedeutete es jedenfalls eine große Überwindung, offen zu kommunizieren.

Wenn du offen kommunizierst und deinem Gegenüber offen sagst, was du fühlst, kann es durchaus passieren, dass derjenige sich von dir entfernt oder dich auslacht oder dich dafür verurteilt. Doch mittlerweile sehe ich darin sogar einen Nutzen, das herauszufinden, denn ich will doch echte Freundschaften und echte Beziehungsebenen. Ich will keinen Fake, ich will, dass es echt ist. Für mich hat es einen Nutzen, wenn sich die für mich nicht passenden Menschen von mir entfernen. Das bedeutet, ich gewinne auch bei einem Nein. Wir haben immer noch zu viel Angst, Menschen zu verletzen, wenn wir offen kommunizieren (s. auch unter Gewaltfreie Kommunikation).

Wenn wir allerdings offen mit Menschen kommunizieren, können wir die Freundschaft intensivieren. Wenn wir nie ein offenes und tiefgehendes Gespräch miteinander führen, bleibt die Freundschaft oberflächlich. Ich machte die Erfahrung, dass eine Freundschaft intensiver wird, wenn ich mit Menschen offen über meine Emotionen spreche. Emotionen in sich hineinzufressen, sorgt nicht für Glück.

Ich lernte in meinem alten Strukturvertrieb extrem viel. Dafür bin ich heute sehr dankbar. Dennoch kündigte ich im April 2019, weil es für mich nicht mehr gepasst hatte. Es gab unterschiedliche Vorstellungen darüber, wo es in Zukunft hingehen sollte. Das Unternehmen hatte andere Ideen als ich. Nach meiner Kündigung haben mehr als hundert Vertriebspartner aus meiner damaligen Struktur ebenfalls gekündigt und sind auch zum Unternehmen Königswege gegangen.

Ich hatte panische Angst zu kündigen, weil ich Angst davor hatte, dass manche Menschen sich mir anschließen und mir Abwerbung unterstellt wird. Mir war bewusst, dass es nahezu unmöglich war, mir Abwerbung zu unterstellen, da gar nicht ich selbst auf Königswege aufmerksam geworden war, sondern viele meiner Vertriebspartner dort Testberatungen machten und so darauf aufmerksam wurden. Sie hatten sich das mehrere Monate, manche von ihnen sogar mehrere Jahre lang, angeschaut.

Deshalb bedeutet ja auch Angst: Annahme, negative Gedanken seien Tatsachen. Nichtsdestotrotz war das damals eine Angst, die ich hatte. Wenn mir Abwerbung unterstellt worden wäre und ich Schadensersatz hätte zahlen müssen für die Vertriebspartner, hätte das für mich die Insolvenz bedeuten können, da ich als Einzelunternehmen handelte, das privat haftet und nicht als GmbH, die beschränkt haftet.

Insolvenz = viel Zeit

Ich beschäftigte mich also mit dem Gedanken, dass ich durch meine Kündigung pleitegehen kann. Doch ich stellte mir noch eine andere wichtige Frage: Will ich nur aus der Angst heraus die nächsten 30 Jahre in einem Unternehmen bleiben, das nicht mehr zu mir passt? Dann fragte ich mich weiter: Was passiert, wenn ich insolvent gehe? Ich führte mir meine Ziele vor Augen. Ursprünglich hatte ich mich selbstständig gemacht, um mehr Zeit für meine Familie, meine Freunde und mich zu haben. Ich dachte: Wenn ich insolvent bin, habe ich viel Zeit.

Wenn ich Zeit habe, brauche ich kein Auto. Ich überlegte mir, ob ich Menschen in meinem Umfeld habe, bei denen ich wohnen dürfte. Mir fielen sehr viele ein, die sicher für mich da wären. Eine Person fiel mir ein, die einen Rückwärtssalto machen würde, wenn ich wieder bei ihr einziehen würde: meine Mutter. Mein erster Gedanke war damals: Du bist 31, hast zwei Kinder und musst wieder bei deiner Mutter einziehen. Was sagt dein Umfeld dazu? – Du bist gescheitert.

Doch dann dachte ich: Wir lassen uns häufig von Menschen in unserem Umfeld bewerten, die gar nicht die gleiche Situation erlebt haben wie wir. Eigentlich kann mich nur jemand bewerten, der auch selbstständig ist. Wenn ich einem erfolgreichen Selbstständigen erzählen würde, dass ich einmal insolvent war, würde er wahrscheinlich sagen: »Ja, das war ich auch einmal. Das kann in der Selbstständigkeit jedem passieren.« Ich will hier keinesfalls thematisieren, ob es besser ist, angestellt oder selbstständig zu sein. Doch es macht keinen Sinn, sich von einem Angestellten bewerten zu lassen, weil er es nicht kann. Genauso kann ich keinen Angestellten bewerten, weil ich davon keine Ahnung habe. Ich war in meinem ganzen Leben noch nie angestellt.

Auf jeden Fall hatte ich es geschafft, mein Ego auszuklammern und mich nicht davon abhängig zu machen, wie andere mich bewerten, weil ich auch niemanden anderes kenne in meinem privaten Umfeld, der so ein großes Team aufgebaut hatte wie ich (der auch nicht so viel hätte verlieren können wie ich). Ich hatte es auf jeden Fall geschafft, mein Ego auszuklammern und mir vorgestellt, wie es wäre, wieder bei meiner Mutter einzuziehen. Ich stellte mir dieses Szenario vor meinem inneren Auge vor. Was würde dann passieren? Meine Mutter wäre glücklich. Sie würde sich riesig freuen, dass ich wieder da bin, sie würde sich freuen, ihre Enkelkinder noch häufiger zu sehen. Wahrscheinlich müsste ich bei meiner Mutter sogar nichts oder wenn, dann nur sehr wenig, für das Essen bezahlen, denn sie würde sich sogar noch freuen, mich und ihre Enkelkinder bekochen zu dürfen. Ich müsste mich nicht mehr selbst um Essen kümmern. Das Haus meiner Mutter ist abbezahlt, ich dürfte dort auch umsonst wohnen. Meine Mutter fühlt sich allein, weil mein Vater schon früh verstorben ist. Ich dachte mir: Meinen Kindern wäre es egal, ob sie ein eigenes Zimmer haben oder nicht. Wir hätten sowieso genügend Platz bei meiner Mutter. Früher haben Leute zu sechst in einer Zwei-Zimmer-Wohnung gelebt, auch die Familie meiner Mutter – und sie waren glücklich. Dann werden wir das auch hinbekommen.

Ich fragte mich: Wo verbringst du die schönste Zeit mit deinen Kindern im Alltag? Am Baggersee. Das Geld für den Eintritt würde ich mir trotz Insolvenz leisten können. Dann erlebe ich eben dort die Ferien mit meinen Kindern. Ja, es ist schöner, die Ferienzeit in unserer Villa in Spanien zu verbringen. Aber das, was die Villa in Spanien besonders macht, sind die Menschen, die dort sind. Alleine in meiner Villa mit Meerblick zu sitzen, ist zwar super, doch wenn da niemand ist, der dich liebt, ist es dort auch nicht schön, sondern ganz im Gegenteil sehr einsam.

Ich hatte somit diese Angst einfach einmal bis zum Ende durchgedacht. Manche Menschen sagten zu mir: »Marc, du kannst dir alles schönreden.« Ja, das kann ich, denn ich habe alles, was meine Emotionen betrifft, selbst in der Hand. Ich betrachtete diese Aussage »Marc, du kannst dir alles schönreden« nicht als Kritik, sondern als Privileg, dass ich es kann. Irgendwann dachte ich tatsächlich: Gut, dann werde ich insolvent gehen. Kein Problem. Du hättest viel mehr Zeit, in Secondhand-Läden nach Kleidung zu schauen, doch wie viel Kleidung braucht der Mensch wirklich? Schon jetzt habe ich mehr Kleidung, als ich mein Leben lang brauchen werde. Ich steigerte mich so sehr in diese Angst hinein, insolvent zu gehen und zu scheitern, dass ich am Ende feststellte, wie toll es eigentlich wäre, pleite zu gehen und wieviel Zeit ich dadurch hätte. Die meisten Menschen geben ca. zwei Drittel ihres Geldes für Wohnen, Mobilität, Lebenshaltung und Kleidung aus. Wenn ich bei meiner Mutter leben würde, müsste ich dort keine Miete zahlen, da das Haus abbezahlt ist. Außerdem würde sie herzlich gerne für mich kochen. Auch wenn ich insolvent wäre, könnte ich einen kleinen Teil dazu beisteuern. Ich bräuchte kein Auto mehr, denn ich hätte genügend Zeit, mit dem Fahrrad zu fahren. Es gibt sogar Menschen, die 70 Prozent ihres Geldes für Mobilität, Essen und Lebenshaltung ausgeben.

Das Gedankenspiel, insolvent zu gehen, hat für mich mehr finanzielle Freiheit bedeutet als jeder Euro, den ich in meinem Leben bisher verdient hatte. Ich brauchte dieses Gedankenspiel, weil ich dachte: Jetzt hast du 100.000 Euro auf dem Konto, jetzt brauchst du eine Million auf dem Konto. Jetzt hast du zwei Wohnungen, jetzt brauchst du sechs Mehrfamilienhäuser.

Doch ich erkannte: Geld schafft keine Sicherheit. Das ist mir erst bewusst geworden, als ich durchgespielte, was passiert, wenn ich insolvent gehe. Das, was dir Sicherheit gibt, ist nicht Geld. Es ist die Beziehungsebene zu Menschen und das Vertrauen in Menschen. Das heißt natürlich nicht, dass ich insolvent gehen möchte. Doch sollten wir häufiger eine Angst bis zum Ende durchspielen, denn die einfachste Lösung, Ängste zu überwinden, ist, offen darüber zu kommunizieren. Ich glaube, die Menschen haben Angst davor, ihre Schwäche nach außen preiszugeben, weil sie Angst haben, ausgelacht zu werden. Doch der Weg aus einer Angst ist durch die Angst hindurch. Das heißt, es macht Sinn, seine Angst offen zu kommunizieren und sie bis zum Ende zu durchdenken und seine Ziele dabei im Auge zu haben. Mein Lebensziel ist, Zeit mit den Menschen zu verbringen, die ich liebe, und wenn ich insolvent gehen würde, hätte ich auf jeden Fall diese Zeit.

Opferrolle

Die Opferrolle beschreibt die Haltung, die eine Person einnimmt, wenn sie glaubt, dass sie von anderen ungerecht behandelt oder benachteiligt wird. Jemand, der sich in der Opferrolle befindet, sieht sich selbst als hilflos und ohnmächtig, um seine Situation zu ändern, und neigt dazu, die Schuld für sein Leiden anderen zuzuschreiben. Die Opferrolle ist ein negatives Verhaltensmuster, das die Betroffenen davon abhält, ihr Leben aktiv zu gestalten und ihre Probleme anzugehen. Das positive Verhaltensmuster ist die Täterrolle, hierbei ist kein Täter im negativen Sinne gemeint, sondern jemand, der Verantwortung für sein Handeln übernimmt.

Ich denke, dass man nie zu 100 Prozent in der Täterrolle und nie zu 100 Prozent in der Opferrolle ist, sondern immer etwas dazwischen. Es kann z. B. sein, dass ich beruflich oder privat mehr in der Opfer- oder der Täterrolle bin oder je nach Tagesform, wie es mir gerade geht, ich mehr in der Opferrolle oder der Täterrolle bin. Wenn ich häufiger in der Täterrolle bin und mich häufiger für die Täterrolle entscheide, habe ich meiner Meinung nach schon sehr viel erreicht.

Menschen, die sich in die Opferrolle begeben, schaffen nicht nur Leid für sich selbst, sondern vor allen Dingen für die Menschen in ihrem Umfeld, denn sie projizieren ihre eigenen negativen Emotionen auf andere. Viele Menschen fühlen sich in ihrer Opferrolle wohl, denn dort haben sie es bequem und müssen sich nicht anstrengen, um etwas an ihrer Situation zu verändern, denn sie sind ja das arme Opfer, das alles ertragen muss. Sie fragen sich ständig: »Warum immer ich? Warum passiert nur mir so etwas?« Menschen in der Opferrolle bekommen häufig viel Aufmerksamkeit, die sie sonst wahrscheinlich nicht erhalten würden. Außerdem bekommen sie viel Mitleid und fühlen sich damit wohl.

Opfer haben sehr häufig ein Problem mit ihrer Selbstliebe und ihrem Selbstwert, denn eine Opferrolle basiert auf der falschen Annahme, nicht geliebt zu werden. Der beste Weg, die Opferrolle zu verlassen, ist daher, seinen Selbstwert zu stärken und sich selbst zu lieben (s. auch unter Liebe). Wer negative Emotionen sich selbst gegenüber empfindet, nimmt viel leichter die Opferrolle an als Menschen, die innerlich stark und selbstsicher sind – und die sich selbst lieben.

Wenn du dich gegen die Opferrolle und für die Täterrolle entscheidest, übernimmst du die Verantwortung und gibst nicht anderen die Schuld für deine Situation. Das musst du allerdings auch wirklich wollen und aktiv etwas dafür tun. Häufig höre ich den Satz: »Ich kann nicht.« Damit begibt sich derjenige in die Opferrolle. Wenn ich stattdessen sage: »Ich will nicht«, befinde ich mich in der Täterrolle (s. auch unter Können). Ich bin lieber Täter statt Opfer, denn dann kann ich selbst Verantwortung übernehmen und über mein Glück entscheiden. Ich entscheide mich bewusst dafür, das Steuer meines Lebens selbst in die Hand zu nehmen.

Es macht Sinn, bei einem Verhalten, das ich an mir nicht mag, herauszufinden, was das Positive für mich ist. Wenn dich beispielsweise jemand fragt: »Was ist der Nutzen für dich, in der Opferrolle zu sein?«, sagen viele Menschen: »Nichts.« Das stimmt jedoch nicht. Unser Bewusstsein oder Unterbewusstsein würde niemals die Opferrolle nutzen, wenn sie nicht auch von Vorteil für uns wäre. Auf den ersten Blick ist es total bequem, in der Opferrolle zu sein. Derjenige bekommt Aufmerksamkeit und Mitleid. Für manche Menschen ist es auch bequem, niemals Verantwortung zu übernehmen, denn dann sind sie nie schuld, wenn etwas nicht funktioniert. Wenn man diese Vorteile erkennt, ist dies auch eine Möglichkeit, aus der Opferrolle herauszukommen.

Seinen Selbstwert zu finden, hat für mich nicht nur etwas mit Stärke zu tun, sondern auch damit, zu wissen, was ich nicht gut kann, wo ich schwach bin, um im offenen Austausch darüber mit meinem vertrauten Umfeld zu sein, das mich dabei energetisch aufladen kann in meiner Schwäche. Ich muss nicht alles können. Vor allem muss ich gar nichts können, um geliebt zu werden. Offenheit hilft, aus der Opferrolle herauszukommen. Man könnte meinen, dass es meist eines Täters bedarf, um sich zum Opfer machen zu lassen. Ich glaube, in den meisten Fällen ist kein Täter da, der sich denkt: »Ich mache dich jetzt zum Opfer«, sondern es ist etwas, das in unserer Wahrnehmung, in unserem Kopf passiert.

Ich denke, dass die Menschen häufig in einer Opferrolle sind, weil sie nicht anfangen, offen zu kommunizieren und sich nicht mit Menschen, die ihnen guttun und die vertrauenswürdig sind, verbinden, bzw. sich bei diesen in ihren Schwächen öffnen und sie aktiv um Hilfe bitten. Wenn ich offen jemandem meine Schwächen mitteile – nicht nur so dahingesagt, sondern ehrlich –, nehme ich dem Gegenüber die Motivation, sich über mich zu stellen. Meiner Ansicht nach haben Menschen, die sich in einer Opferrolle befinden, oft das Problem, andere um etwas zu bitten. Ich meine damit, um Hilfe zu bitten, um aus der Opferrolle herauszufinden, anstatt nur um Hilfe zu bitten, um bemitleidet zu werden. Dann ist dieses Um-Hilfe-Bitten Täterrolle und nicht Opferrolle.

Wenn ich mich schwach fühle, macht es für mich Sinn, mich anderen Menschen zu öffnen, die es gut mit mir meinen. Genau das ist der Mehrwert, wenn mein Akku gerade niedrig ist, mich durch andere Menschen positiv aufzuladen. Sich aktiv Hilfe zu suchen, hat nichts mit der klassischen Opferrolle zu tun, denn es gehört sehr viel Mut dazu, andere Menschen um Hilfe zu bitten. Wenn ich andere um Hilfe bitte, bin ich absolut in der Täterrolle.

Für mich ist es äußerst hilfreich festzustellen, dass ich mit meinen Schwächen nicht alleine bin. Spannend ist für mich immer wieder, mir die Frage zu stellen: »Würde ich meinem Kind die Opferrolle wünschen?« Allgemein macht es Sinn, bei negativen Emotionen dieses Konzept »Was würde ich meinem Kind wünschen?« anzuwenden. Dadurch schaffe ich es, mir zu überlegen, wie ich mein Kind behandeln würde. Außerdem schaffe ich es, mich selbst positiv und liebevoll zu behandeln, als ob ich mein eigenes Kind wäre. Wenn ein Kind in einer Opferhaltung ist, würden wir relativ schnell darauf kommen, ihm Liebe zu geben, es zu umarmen, es zu bestärken, einfach offen mit ihm zu kommunizieren. Dann würde ich mir die Frage stellen: »Gibt es solche Menschen auch in meinem Umfeld, die für mich das Gleiche tun würden?« Meine Mama, mein Papa, meine Geschwister, meine besten Freunde und meine Partnerin? Doch auch diese Frage darf ich mir ehrlich beantworten: Wenn ich überhaupt keinen Menschen in meinem Umfeld habe, der es gut mit mir meint und der mir helfen möchte, hat das vielleicht auch mit meiner Art zu tun, wie ich diesem Menschen in der Vergangenheit begegnet bin.

Wenn ich nicht weiß, warum mir Menschen nicht helfen wollen, kann ich die Menschen in meinem Umfeld auch befragen. Vielleicht habe ich ihnen in der Vergangenheit Unrecht getan. Ich kann sie fragen: »Was habe ich falsch gemacht? Was hätte ich besser machen können? Warum meidest du mich? Warum hilfst du mir nicht? Warum behandelst du mich so?« Ich selbst habe das getan, indem ich die Menschen, die ich nicht als Kunden gewinnen konnte, fragte, was ich hätte besser machen können. Es ist krass, was für eine Verbindung durch solche Gespräche entsteht.

Ich kann mir auch den Schulterklopfer abholen, also typisches »fishing for compliments« betreiben, was manchmal einfach guttut. Nach meiner Trennung erzählte ich beispielsweise meiner Schwägerin, wie schlecht es mir damit ging. Sie sagte daraufhin: »Eine Frau kann verdammt glücklich sein, wenn sie dich hat.« Das hat meinen Akku wieder voll aufgeladen. Natürlich wollte ich eine solche Aussage provozieren. Ist das etwa schlimm? In meiner Welt nicht, denn es tat mir unfassbar gut. Meiner Schwägerin tat es auch gut, mir das zu sagen. Wo steht geschrieben, dass fishing for compliments schlecht ist? Das ist wieder nur eine Interpretation. Kinder machen uns das extrem schön vor. Jeder kennt das, wenn ein Kind auf einen zukommt und man merkt, dass es gerade gelobt werden will und sagt: »Guck mal, Papa, was ich gemacht habe.« Das Kind zeigt dir gefühlt das 500. selbst gemalte Bild und möchte dafür gelobt werden. Es ist auch wichtig, bei der Kindererziehung nicht nur Lob und Bestrafung einzusetzen, sondern auch auf intrinsische Motivation Wert zu legen (s. auch unter Intrinsische Motivation). Wenn das Kind gelobt werden möchte, sollte das Lob nicht nur von einem selbst kommen, sondern du solltest meiner Meinung nach also nicht nur sagen: »Ich bin stolz auf dich. Das hast du gut gemacht«, sondern du solltest dem Kind zusätzlich sagen: »Das hast du toll gemacht. Da kannst du stolz auf dich sein«, um so auch den Selbstwert des Kindes zu erhöhen. Sicherlich wird das nicht durch diesen einen Satz allein passieren, doch du kannst damit – wenn du diese Haltung annimmst – durch einen solchen Satz das Kind dabei unterstützen. Kinder wissen, wie sie es anstellen. Sie wissen, wie sie sich ihr Lob abholen, und das ist gut für ihre Entwicklung. Wir haben nur einfach verlernt, uns wie Kinder zu verhalten.

Positiv – negativ

Jeder trägt die Verantwortung, ob er glücklich oder unglücklich ist. Jeder kann die Entscheidung treffen, Täter oder Opfer zu sein. Du entscheidest, du bist am Ruder und hast zu 100 Prozent die Verantwortung für dein Leben – beruflich und privat.

Wenn du unglücklich in einer Beziehung bist, triffst du die Entscheidung, in der Beziehung zu bleiben. Du triffst die Entscheidung, wenn du in deinem Job unglücklich bist, den Job weiter auszuüben. Du triffst die Entscheidung, dich weiterhin ungesund zu ernähren. Du triffst die Entscheidung, keinen Sport zu treiben. Du triffst die Entscheidung, und nur du kannst Lösungen finden. In deiner unglücklichen Beziehung kannst du z. B. an der Beziehung arbeiten. Im Job kannst du versuchen, es besser zu machen oder du kannst dir einen neuen Job suchen. Du entscheidest.

Ein negativer Geist wird dir niemals ein positives Leben bereiten. Häufig erklären mir meine Vertriebspartner, dass Kunden nicht verstehen, was sie ihnen erklärt haben. Doch es ist nicht so, dass es die Kunden nicht verstehen, sondern der Vertriebspartner konnte es ihnen nicht passend erklären, so dass sie es verstehen. Diese Sichtweise lernte ich aus einem Buch, das ich sehr empfehlen kann. Es heißt »Die Entscheidung liegt bei dir« von Reinhard K. Sprenger. Ich lernte, dass ich mein Umfeld schaffe und es demnach selbst in der Hand habe, welche Kunden ich begleite und welche nicht und sie ein Spiegel von mir selbst sind. Auch meine Vertriebspartner, meine Freunde und meine Familie sind ein Spiegel meiner selbst.

Sprenger beschreibt in seinem Buch z. B. sehr eindrucksvoll, welches die Konsequenzen sind, wenn ich meinen Job nicht wechseln möchte, obwohl mich viele Dinge stören. Ich habe vielleicht Angst, weniger zu verdienen oder einen befristeten Arbeitsvertrag zu bekommen. Ich spiele das in Gedanken durch, wie es ist, den Job nicht zu verlassen und nicht bereit zu sein, den Preis dafür zu bezahlen. Dann kann ich meinen Job im Hier und Jetzt viel mehr genießen, weil es die bessere Alternative ist. Es bringt also nichts, sich darüber aufzuregen.

Man muss nicht alles verändern, sondern es hilft zu wissen, dass man die beste von allen Alternativen gewählt hat. Dann macht es keinen Sinn, unglücklich zu sein, denn wenn es die beste von allen Alternativen ist, was bringt dir dann das Meckern? Nur die Menschen meckern, die sich als Opfer sehen (s. auch unter Opferrolle).

Das Gleiche gilt für Beziehungen. Es gibt Menschen, die unzufrieden sind mit ihrer Beziehung. Sie bleiben allerdings in der Beziehung, weil sie in Wahrheit die Sorge haben, keinen anderen Partner, kein neues Glück zu finden. Sie fühlen sich wertlos und haben ein Problem mit ihrer Selbstliebe und ihrem Selbstwert. Aber du hast selbst die Entscheidung getroffen, in der jetzigen Beziehung zu sein, d. h. du darfst dir Gedanken darüber machen, ob und was du ändern möchtest. Wenn diese Beziehung wirklich nicht gut ist, warum willst du dann nichts an dem Zustand »Es ist nicht gut« verändern? Du hast auch die Möglichkeit, an deiner Beziehung zu arbeiten, eine Paartherapie zu machen oder offen mit deinem Partner zu kommunizieren. Du hast ganz viele Möglichkeiten. Nur oft haben wir keine Lust, den Preis dafür zu bezahlen. An einer Beziehung zu arbeiten, die emotional gerade nicht gut läuft, kann sehr anstrengend sein. Dann verdrängen wir lieber und meckern über unsere Beziehung. Es macht aber Sinn, die aktive Rolle zu übernehmen, an der Beziehung zu arbeiten und zu schauen, wie du sie verändern kannst.

Nehmen wir an, du hast das alles gemacht und die Beziehung ist trotzdem noch in einem schlechten Zustand. Dann kann es durchaus sein, dass du einfach nur Angst hast, die Beziehung zu beenden, weil du dir denkst: »Ich finde sowieso keinen anderen Partner«, »Ich bin nicht liebenswert«, »Ich gebe mir zu wenig Selbstliebe«, aber auch da triffst du wieder selbst die Entscheidung. Du bist am Steuer. Das bedeutet, du kannst daran arbeiten, deinen Selbstwert zu erhöhen, denn nur eine Beziehung nicht zu beenden, die nicht mehr gut für dich ist, weil du Angst hast, niemand anderes zu finden, macht keinen Sinn. Dann musst du eben daran arbeiten. Zusätzlich glaube ich, dass eine höhere Selbstliebe positiv für eine Beziehung ist, denn dann bin ich mit mir selbst im Reinen, was weniger Konflikte in der Partnerschaft bedeutet. Seine Selbstliebe zu erhöhen, ist wieder etwas Aktives, was du tun kannst. Die Entscheidung liegt bei dir.

Wenn du dich beispielsweise ständig darüber aufregst, wie schlecht deine Handballkollegen sind und ihr ständig nur auf den unteren Plätzen mitspielt, dann hat das auch etwas mit dir zu tun, denn du kannst dich auch entscheiden, in eine bessere Mannschaft zu wechseln oder du kannst den Verein unterstützen, andere Spieler zu finden. Du hast es selbst in der Hand. Wir haben unser Leben vollständig selbst in der Hand, und das konnte ich durch dieses Buch von Reinhard K. Sprenger lernen, und es hat mich enorm weitergebracht.

Ein anderes Buch, das mir auch sehr geholfen hat, war das Buch »The Secret« von Ronda Byrne. Ich lernte aus diesem Buch, mir darüber bewusst zu werden, dass alles eine positive und negative Seite hat, egal, was auf dieser Welt passiert. Ich konnte mich aufgrund meiner Familiengeschichte sehr stark damit identifizieren. Mein Bruder lebte nie bei uns im Haushalt, und ich hatte damals leider keinen Kontakt zu ihm, den wir nach dem Tod meines Vaters inzwischen zum Glück wieder aufbauen konnten.

Meine Großeltern lebten im Erdgeschoss des Hauses, ich wohnte mit meinen Eltern oben. Ich war immer dankbar, dass ich quasi zwei Elternpaare hatte, denn ich hatte zu meinen Großeltern die gleiche innige Beziehung wie zu meinen Eltern. Daher war es für mich sehr schlimm, dass innerhalb von zwei Monaten erst mein Vater, dann mein Opa und danach meine Oma starben. Ich litt sehr darunter und leide auch heute noch. Was würde ich für ein Mittagessen geben, bei dem ich meine Kinder meinem Vater vorstellen könnte. Das würde mir die Welt bedeuten. Bei all dem Schmerz und Leid, das ich erfahren hatte, darf ich auch schauen, was ich Positives durch diese drei Todesfälle mitnehmen konnte. Damit ist nun nicht Zweckoptimismus gemeint, sondern sowohl das Positive als auch das Negative ist gleichzeitig vorhanden. Ich sollte auf beides ein Auge haben.

Das fällt manchen Menschen sehr schwer, und ich würde mir auch nicht das Recht anmaßen, darüber zu sprechen, wenn ich es nicht selbst erfahren oder erlebt hätte. Auf alles, was passiert, kannst du eine positive und eine negative Sichtweise haben.

Das Leben genießen

Seit dem Tod meines Vaters habe ich eine hohe Stresstoleranz. Viele Punkte stören mich deshalb nicht so stark, weil ich weiß, was richtiges Leid bedeutet und ich überhaupt keine Lust habe, mich über Belanglosigkeiten aufzuregen. Ich genieße das Leben durch diese Todesfälle viel mehr als zuvor.

Mein Vater hatte immer den Traum, sich eine Villa in Spanien zu kaufen, wenn er in Rente ist. Zusammen mit meinem besten Kumpel und seiner Frau kaufte ich mir eine solche Villa in Spanien, doch wahrscheinlich hätte ich mir ohne die Todesfälle eine solche Villa niemals zugelegt. Ich wollte nicht warten bis zum Rentenalter, bis ich mir diesen Traum erfülle, sondern ich wollte es machen zu dem Zeitpunkt, zu dem ich es mir leisten konnte. Ich wollte deshalb nicht warten, weil ich weiß, wie kostbar Zeit ist. Ich nehme seit den Todesfällen jeden Moment meines Lebens viel intensiver wahr und konnte eine viel intensivere Beziehung zu meinem Cousin und zu meinem Bruder aufbauen, zu denen ich vorher keinen oder kaum Kontakt hatte.

Mir sind also der Familienkreis, zu dem ich wenig, bzw. keinen Kontakt mehr hatte und allgemein Freundschaften viel wichtiger geworden. Seitdem ich stresstoleranter bin, weiß ich, dass solche Todesfälle oder andere schlimme Ereignisse nicht nur eine negative Seite haben.

Oftmals haben Eltern entweder viel Zeit für ihre Familie oder können ihnen finanzielle Stabilität bieten. Mein Ziel war es, beides zu schaffen. In den ersten Jahren arbeitete mein Vater viel im Ausland, bzw. war häufig auf Geschäftsreisen, und konnte uns als Familie finanziell viel bieten, doch hatte er nur wenig Zeit für mich. Als ich drei Jahre alt war, fragte ich, wer der Mann im Wohnzimmer sei. Das wollte ich auf keinen Fall, dass mich das meine Kinder einmal fragen. Ich konnte daraus lernen, dass ich jetzt die Zeit mit meinen Kindern verbringen will, weil ich weiß, dass die Zeit endlich ist. Ich genieße jetzt die Zeit mit meinen Kindern viel intensiver und nehme mir sehr, sehr viel Zeit für meine Kids.

Das war mir wichtig, und ich weiß, dass mein Bruder auch sehr viel Zeit mit seinem Sohn verbringt, dessen Patenonkel ich bin. Ich nehme mein Leben viel bewusster wahr, und das Buch »The Secret« hat mir enorm dabei geholfen, das zu verstehen. Wenn danach allerdings jemand mit seinen Problemen auf mich zukam, die für ihn wahnsinnig schlimm waren, machte ich den Fehler und dachte meist: »Ich verstehe das Problem nicht, denn es ist doch niemand gestorben.« Damit tat ich vielen Menschen in meinem Umfeld Unrecht, denn Leid lässt sich nicht messen und lässt sich nicht vergleichen. Leid oder Ängste sind in unserem Körper und in unserem Geist. Ich bin froh, dass ich meine Haltung verändern konnte, dass Emotionen nicht vergleichbar und nicht messbar sind und ich Menschen generell mit ihren negativen Emotionen ernst nehmen und dadurch auch helfen kann.

Damit dir noch klarer wird, dass es auf alles eine positive und eine negative Sichtweise gibt, formuliere deine Ängste und probiere, aus jeder Angst ein Ziel zu formulieren (s. auch unter Ziele). Wenn du zum Beispiel Angst hast, Freunde zu verlieren, was könnte das Ziel sein? Das Ziel könnte zum Beispiel sein, Freundschaften zu erhalten und zu intensivieren. Wenn du zum Beispiel die Angst hast, als Verkäufer im negativen Sinne zu wirken, ist dein Ziel: Wie schaffe ich es, als Dienstleister zu wirken, der einen Mehrwert schafft? Gerade in unserer Branche werden wir mit der Urangst des Menschen konfrontiert: der Angst vor Ablehnung. Wir sind Herdentiere, wir wollen nicht abgelehnt werden. Die Angst vor Ablehnung ist in einer modernen Gesellschaft meist die größte Angst, die wir haben. Diese Angst übt einen hohen Druck auf unsere Persönlichkeitsentwicklung aus. Wenn wir also dieser Ablehnung ausgesetzt sind, haben wir am besten – wenn wir diese Sichtweise annehmen – die Möglichkeit, uns persönlich weiterzuentwickeln.

Ich finde es gut, dass ich Ängste habe, weil Ängste zeigen, dass mir Dinge wichtig sind. Inzwischen schaffe ist es, meine Angst in Bedenken umzuwandeln, sie also neutral zu betrachten. Häufig gelingt es mir auch, meine Bedenken von der Neutralität in etwas Positives zu verwandeln, nämlich den Respekt vor etwas. Diesen Respekt möchte ich niemals verlieren.

Mittlerweile verstehe ich, dass Angst nützlich ist, dass sie dafür sorgt, dass ich ein guter Mensch bin und ich qualitativ hochwertig arbeite. Angst ist etwas Gutes, ich bin dadurch wacher, aktiver, nur ist es häufig so, dass Angst sehr negativ interpretiert wird und uns bremst. Wenn wir es häufiger schaffen, die Angst in Bedenken oder sogar in Respekt vor etwas zu verwandeln, dann können wir viel erreichen, das uns weit mehr bringt, als im Finanzdienstleistungsvertrieb erfolgreich zu sein.

Für einen unserer Vertriebspartner hielt ich ein Gespräch mit seinen Eltern. Beide waren Steuerberater. Die Mutter begann das Gespräch, indem sie sagte: »Herr Schäffner, ich habe Ihren Vertriebspartner verflucht, als er meinen Sohn angesprochen hat. Der einzige Grund, warum ich heute hier bin, ist, dass ich sicherstellen möchte, dass Sie die Kündigung meines Sohnes unterschreiben.« Viele Menschen hätten hier wahrscheinlich äußerst negativ darauf reagiert und hätten sich gedacht: »Warum greift sie mich an? Was will sie von mir?« In einer solchen Situation macht es Sinn zu verstehen, welche Emotionen und welches Bedürfnis bei der Mutter dahinterstecken. Ihr Bedürfnis ist, ihren Sohn zu schützen. Sie hatte Angst, dass er auf die schiefe Bahn gerät, in einer Branche, die ein schlechtes Image in der Öffentlichkeit hat.

Ich erklärte der Frau: »Der Grund für Ihre negative Einstellung gegenüber der Finanzbranche ist sicherlich der, dass Sie als Steuerberaterin und Sie als Steuerberater wahrscheinlich jede Sauerei gesehen haben, die die Branche bei Kunden hinterlassen hat. Gerade weil der Ruf in dieser Branche so schlecht ist, habe ich in dieser Branche angefangen, weil ich glaube, dass man gerade in einer solchen Branche viel Positives bewirken kann.«

Die Kündigung unterschrieb ich allerdings, weil wir nach mehreren Gesprächen festgestellt hatten, dass eine Vertriebstätigkeit für ihren Sohn nicht das Passende ist. Eine Vertriebstätigkeit passte weder zu seiner Persönlichkeitsstruktur noch zu seinen Motiven. Wenn du keine passenden Motive hast und dir unser Job gar keinen Spaß macht, macht es wenig Sinn, bei uns zu arbeiten.

Das Positive an der Kündigung war, dass die Mutter wusste, dass ich versuche, im Interesse meines Gegenübers zu handeln. Ich denke, genau aus diesem Glauben daran, dass mir der Nutzen des Gegenübers wichtig ist, hatte die Mutter ihrem Sohn empfohlen, bei uns Kunde zu werden. Der Mutter gefielen meine Ehrlichkeit, meine Offenheit und meine Absicht, den Nutzen des Gegenübers zu sehen und nicht nur das, was mir kurzfristigen Vorteil bringt, so dass sie mich auch ihrem anderen Sohn empfohlen hatte, der Handball-Bundesliga-Profi war.

Ich hatte also Respekt vor dem Termin, aber keine Angst. Ich hatte Respekt davor, dass die Frau ihr Kind schützen möchte, und das hat mich in diesem Termin extrem weitergebracht. Ich liebe den Satz: »Nur, wenn man Angst verspürt, kann man auch Mut beweisen.« Wenn du keine Angst hast, wenn dir alles egal ist, kannst du nicht mutig sein und das Konzept Mut funktioniert eben nur mit Angst. Es gibt kein Leben ohne Angst. Auch diese Sätze mag ich, die ich einmal gelesen habe: »Ohne Angst würden wir im nächsten Augenblick unser Leben achtlos verlieren, weil wir nichts als wichtig empfinden würden. Der Weg, der dir am meisten Angst macht, ist meistens der richtige, an ihm wächst du am meisten.« Nur diesen Weg zu gehen, meiden wir häufig, deshalb bin ich froh, dass ich einen Mentor habe, der mich auf diesem Weg unterstützt und begleitet.

Für mich ist es wichtig, die engsten Menschen in meinem Umfeld nicht in erster Linie als Kunden zu gewinnen, sondern als Unterstützer. Ich empfehle dir, nicht zu versuchen, deinen wichtigsten Leuten nur etwas zu verkaufen, so wie ich es am Anfang gemacht hatte, sondern sie vielmehr um ein ehrliches Feedback zu bitten, was sie von der Dienstleistung halten (s. auch unter Feedback). Sie zu fragen, was sie von den Menschen halten, mit denen du dort arbeitest und ob sie dich in der Branche sehen, entweder nebenberuflich zu dem, was du gerade machst oder ob sie dich später auch darin sehen, wenn du die Tätigkeit hauptberuflich ausübst.

Die wichtigsten Personen aus meinem Umfeld auf meine Seite zu ziehen, unabhängig davon, ob sie Kunde werden oder nicht, bedeutete mir enorm viel. Meine Mutter kaufte bei mir am Anfang etwas, um mich zu unterstützen, doch als sie das System wirklich verstanden hatte, gab mir das viel mehr Sicherheit. Ähnlich war es auch bei anderen Personen aus meinem engsten Umfeld.

Es macht Sinn, sich darüber klar zu werden, wo deine Ziele sind, was du für dein Leben willst. Wenn ich weiß, was ich will, weiß ich, welchen Weg ich gehen muss. Es schafft eine positive Geisteshaltung, wenn ich mich auf etwas festlege und nicht nur im Vielleicht lebe, sondern wirklich sage, was ich erreichen möchte und wohin ich gehen will. Viele Menschen haben Angst davor, sich auf etwas festzulegen, weil sie Sorge haben, etwas zu verpassen. Meine Sorge ist, dass wenn man nur im Vielleicht lebt, nie richtig lebt, weil man nie für etwas richtig losgeht.

Auf Augenhöhe mit dem Umfeld kommunizieren

Am Anfang meiner Vertriebstätigkeit fiel ich in meinem Bekanntenkreis zunächst negativ auf, da ich etwa 30 Menschen kontaktierte und als Heilsbringer auftrat, der sich jetzt super auskennt mit Finanzdienstleistungen. Von diesen 30 Menschen war ich selbst mein eigener Kunde, außerdem meine Mutter und ein guter Kumpel, der bei mir 8.000 Euro angelegt hatte. Damals fehlte mir noch das Verständnis dafür, was mir die 27 Absagen – viele hatten mich auch einfach nur ignoriert – Positives bringen sollten. Ich hatte allerdings den Mut, viele von ihnen zu fragen, was ich hätte besser machen können. Dadurch lernte ich unfassbar viel. Wenn ich allgemein eine Feedbackstrategie anwende, ist das ein viel seriöserer Einstieg in die Tätigkeit. Selbst wenn sich einer unserer Vertriebspartner danach dagegen entscheidet, mit uns zu arbeiten, dabei aber die Feedbackstrategie angewendet hat, ist er nicht der Gebrandmarkte und der Gescheiterte, denn er hat auf Augenhöhe mit seinem Umfeld die Entscheidung dagegen getroffen. Das heißt, er kann unbeschadet daraus hervorgehen.

Das wäre mir niemals eingefallen, wenn ich nicht diese vielen Neins bekommen hätte, bzw. nicht so oft ignoriert worden wäre. Negativ war, wie ich damals auf die Leute zuging. Es war viel zu plump, denn ich dachte, ich hole meine Freunde und Bekannten aus ihren schlechten Versicherungen heraus. Das kam nicht so gut an. Ich denke, dass ich durch diese negative Erfahrung heute viel behutsamer geworden bin und diese Erfahrung an meine Vertriebspartner weitergeben kann.

Nachdem ich verstanden hatte, wie ich auf die Leute besser zugehen kann, wurde ich relativ schnell befördert, was dann leider zu einem zweiten negativen Punkt in meiner Karriere führte: Die Erfolge machten mich arrogant und hochnäsig, und ich dachte, alles, was ich anfasse, wird zu Gold. Ich gründete insgesamt drei GmbHs parallel und hatte dadurch viel weniger Zeit für mein Vertriebsteam. Ich hatte bisher in jedem Jahr in meiner Selbstständigkeit deutliche Umsatzsteigerungen erreicht, es waren immer zweistellige Prozentsätze, teilweise sogar dreistellige.

2011 auf 2012 fielen die Umsätze jedoch um 30 Prozent, doch keines der Unternehmen, das ich gegründet habe, bringt mir heute noch irgendeinen Cashflow. Ich lernte dadurch, mich zu fokussieren und das zu sein, was ich gerade bin und nicht 100 Sachen parallel zu machen.

Ich hatte auch ein Gespräch mit einem Vertriebspartner, der, bevor er befördert wurde, gerne noch einen Riss ins Universum treten wollte, weil er gerne noch etwas schaffen wollte, was es so in unserem Unternehmen bisher noch nie gegeben hatte. Ich stellte ihm die Frage: »Warum willst du das? Was nützt es dir?«

Das Spannendste ist für mich der Umgang mit Menschen. Das, was mir am meisten Sicherheit gibt, ist die vertrauensvolle Beziehung zu Menschen. Das heißt, ich muss nicht zwangsläufig ein weiteres Unternehmen gründen. Für was? Wenn es sich ergibt und einen Nutzen stiftet, warum nicht, doch ich habe ja jetzt schon alles. Ich tue das, was ich liebe mit den Menschen, die ich liebe. Ich arbeite bereits mit genau den Menschen zusammen, mit denen ich es liebe zusammenzuarbeiten. Inzwischen hatte ich mich auch an anderen Unternehmungen beteiligt, doch es ist viel weniger entscheidend, was ich tue, sondern warum ich es tue und mit wem. Ich habe das Gefühl, dass viele Menschen hier ein Business gründen wollen und dort noch ein Business gründen wollen, aber gar keinen Wert darauf legen, warum sie es tun und vor allen Dingen mit wem.

Für mich ist es eine reine Ego- oder Statusfrage zu sagen, ich muss noch irgendetwas anderes erreichen. Nein, es ist alles gut so, wie es ist. Jochen Schweitzer stellte in einem Vortrag einmal die Frage: »Gehört demjenigen die Idee, der die Idee hat oder dem, der die Idee umsetzt?« Das kann jeder für sich selbst beantworten, und da gibt es auch kein Richtig und kein Falsch. Egal, ob die Idee von mir stammt oder von einer anderen Person und ich sie nur umsetze, stelle ich mir immer wieder die Frage: »Was macht es mit mir?« Wenn es mich glücklicher macht, die Idee eines anderen zu nutzen, weil sie besser zu mir passt oder ich keine bessere habe, dann nutze ich lieber diese, weil es mir um mein Glück und nicht um mein Ego geht. Wenn ich Bücher von erfolgreichen Menschen lese, die auf ihr Leben zurückblicken, reden sie nicht darüber, dass sie noch ein Unternehmen mehr hätten gründen müssen oder noch mehr in ihr Business hätten investieren müssen, sondern sie sagen meist, dass sie gerne mehr Zeit verbracht hätten mit den wertvollsten Menschen in ihrem Leben, mit ihrer Familie, ihren Freunden oder ihren geschätzten Kollegen, die sie wirklich mochten. Ich bin froh, das bereits mit Anfang 30 erkannt zu haben.

Ein weiteres Beispiel: Ich hatte einmal fünf Monate lang heftige Kopfschmerzen. Selbst sehr starke Schmerztabletten schafften es nicht, meine Schmerzen zu lindern. Ich konnte nicht fernsehen, ich konnte nicht lesen, ich hatte permanent Kopfschmerzen. Falsche Glaubenssätze, Stress, sich selbst ständig unter Druck setzen und für alles die Verantwortung übernehmen, was im Team passiert – es war diese Kombination, die meine Schmerzen verursachte. Ich wollte der Beste sein bei mir im Team für Beratung, für Teamaufbau, der Beste in Vorträgen. Ich wollte ein guter Mentor sein und die Menschen erfolgreich machen. Ich wollte der Beste in allen möglichen emotionalen Problemen sein und die emotionalen Probleme anziehen, als ob es meine eigenen wären. Ich dachte, wenn ich das alles schaffe, wird alles besser. Doch weit gefehlt. Mit diesem Mindset wird alles schlimmer. Ich entdeckte für mich, dass einen guten Mentor nicht auszeichnet, der Beste in allem zu sein, sondern Menschen einzustellen, die besser sind als ich. Auch hier dachte ich, ich sei kein guter Mentor, wenn ich Menschen einstelle, die besser sind als ich. Es war meine Schwäche, denn ich dachte, wenn jemand besser ist als ich, werde ich nicht mehr gebraucht.

Die Leute interessieren sich weniger dafür, was ich gut und richtig gemacht habe. Ich habe das Gefühl, dass wenn ich ihnen sage, das habe ich falsch gemacht, bzw. ich empfehle euch, das nicht zu tun, sie viel mehr daraus lernen. Ich habe viel Erfahrung mit Fehlern, denn ich war in jeder Position, in der meine Vertriebspartner sind, bzw. waren und kann anderen sagen, was meine Fehler dort waren und wie sie die Abkürzung nehmen können. Das bringt den Menschen mehr, als der Beste zu sein. Wenn ich der Beste bin, nehme ich den Leuten das Scheinwerferlicht und lasse sie nicht strahlen, sondern strahle nur selbst. Wenn ich der Beste bei allem bin, mache ich die Menschen abhängig von mir. Ich reflektierte, dass mein vermeintlich positives Verhalten auch seine Nachteile hat. Wenn ich sage, ich mache die Menschen erfolgreich, wie schrecklich ist das? Warum? Wenn ich andere erfolgreich mache und sie sich nicht selbst erfolgreich machen, dann schaffe ich Abhängigkeiten. Ich will aber Menschen nicht abhängig machen, sondern Menschen ermächtigen, Dinge zu tun, an die sie vorher nie geglaubt haben. Meine Vertriebspartner sind selbstständig und machen sich selbst erfolgreich, das muss kein anderer für sie tun. Ich kann ihnen nur die Tür zeigen, durch die sie gehen können oder ihnen zeigen, welche Fehler sie besser vermeiden können. Umsetzen müssen sie es allerdings selbst.

100 Prozent Selbstverantwortung

Ich habe null Prozent Anteil daran, wenn jemand bei uns erfolgreich wird. Derjenige ist 100 Prozent selbst dafür verantwortlich. Ich kann ihm Ratschläge geben, ihn unterstützen und ihn inspirieren, doch verantwortlich ist er zu 100 Prozent. Wenn ich nur ein Prozent verantwortlich bin für seinen Erfolg, mache ich ihn zu einem Prozent abhängig von mir. Ich möchte Menschen im Unternehmen haben, die nicht abhängig von mir sind, sondern die ich ermächtigt habe, Dinge zu tun, an die sie vorher nicht geglaubt haben. Mein Coach fragte mich, ob ich lieber unter jemandem arbeite, der mich abhängig macht oder bei jemandem, der mich ermächtigt, Dinge zu tun, an die ich vorher nicht geglaubt habe.

Abhängigkeit ist das Schlechteste, was du schaffen kannst, auch in Beziehungen, in Freundschaften oder Partnerschaften. Das ist sehr ungesund. Damals hatte ich nicht verstanden, dass ich teilweise bewusst, teilweise unbewusst Abhängigkeiten erzeugt hatte, um Bindung zu den Menschen zu erzielen. Ich dachte, wenn ich Abhängigkeiten schaffe, sind die Leute nicht fähig, mich zu verlassen. Wenn ich die Haltung habe »Ich mache dich erfolgreich, ich bin der Beste«, erreiche ich das am besten, indem ich diese Abhängigkeiten erzeuge, aber ich schaffe es nicht, Häuptlinge nachzuziehen, sondern Leute, die abhängig von mir sind.

Meiner Meinung nach sind Abhängigkeiten auch in Liebesbeziehungen der Anfang vom Ende einer erfüllten Partnerschaft, denn ich möchte nicht mit jemandem zusammen sein, weil ich abhängig von ihm bin, sondern aus freien Stücken, weil ich ihn liebe.

Manche Eltern machen das auch mit ihren Kindern. Diese Erfahrung bringt mir nicht nur geschäftlich etwas, sondern auch in der Beziehung zu meinen Kindern, denn sie sind verantwortlich, selbstverständlich als Kleinkinder noch nicht für alles, doch wenn sie beispielsweise einmal schlechte Laune haben, frage ich sie und damit ermächtige ich sie: »Möchtest du, dass ich dir gerade helfe oder möchtest du für dich sein?«

Im Urlaub war meine jüngere Tochter total überfordert, weil wir den ganzen Tag etwas unternommen hatten. Meine Partnerin und meine ältere Tochter versuchten alles in ihrer Macht Stehende zu tun, um ihr immer wieder Hilfestellung anzubieten und weiter positiv auf sie einzureden, bis ich sie fragte: »Magst du in dein Zimmer, wo du ein bisschen Ruhe für dich hast?« Sie ging auf ihr Zimmer und danach ging es ihr wieder besser. Wenn wir es als Erwachsene manchmal nicht schaffen, mit unseren Emotionen umzugehen, wieso erwarten wir das dann von Kleinkindern? Hin und wieder mag meine Kleine einfach nur mit ihrer Emotion umgehen und sich ausschreien oder ausruhen. Das ist vollkommen okay.

Für mich ist es wichtig, meine Kinder in regelmäßigen Abständen am Abend zu fragen: »Was war heute schön an deinem Tag? Was hat dir gefallen? Worüber magst du noch sprechen? Was hat dich heute gestört?«

Ich bin stolz auf das, was ich gelernt habe und was ich meinen Kindern weitergeben kann. Ich bin nicht der perfekte Vater, den es meines Erachtens gar nicht gibt, aber ich schaffte es als jemand, der sehr verkopft ist und in allem Probleme gesehen hat, ein entspanntes und glückliches Leben zu führen. Das ist richtig cool. Wem nützt es, dass ich mir seine Probleme so anziehe, als ob es meine eigenen wären? Das ist keineswegs empathisch. Empathie bedeutet nicht, sich Probleme so anzuziehen, als ob es die eigenen wären, sondern Empathie bedeutet mitzufühlen (s. auch unter Empathie). Wenn ich dann mit ihm oder ihr weinend im Arm liege, was trage ich dann zur Lösung bei? Für mich ist es nicht einfach zu ertragen, wenn jemandem ein Schicksalsschlag widerfährt oder eine Partnerschaft zu Ende gegangen ist. Manche Freunde sagen ständig: »Ich weiß, dass es dir schlecht geht, ich weiß, dass es dir schlecht geht« und das über Monate, wenn nicht sogar über Jahre hinweg. Aber das ist keine Empathie. Empathie bedeutet nicht, demjenigen immer nur zu sagen, das ist wirklich schlimm, sondern Empathie bedeutet auch, zu sagen: »Ich verstehe deinen Schmerz, doch was machen wir jetzt, damit es dir wieder besser geht?« Davor haben viele Freunde Angst, weil es ihnen schwerfällt, dem anderen zu sagen, dass er selbst etwas tun soll. Wenn ich jemandem immer nur recht gebe und sage, wie schlecht es ihm geht, schaffe ich eine Abwärtsspirale.

Wenn ich komplett mitfühle, fällt es mir enorm schwer, eine objektive, helfende Hand zu reichen, weil ich dann sozusagen mit im Dreck stehe und nicht neben der Grube, um ihn herauszuziehen. Mein Team braucht die Empathie des Verständnisses, aber nicht des selbst Anziehens, denn sonst kann ich ihnen nicht mehr helfen und bestrafe mich jeden Tag selbst. Empathie bedeutet, nicht alles komplett mitzufühlen. Es bedeutet vielmehr zu verstehen. Ich fühle mich heute leichter mit über 1.000 Vertriebspartnern als damals mit 40, weil ich für keine der Karrieren verantwortlich bin. Weil ich nicht der Beste sein muss, sondern mit meinen Fehlern klarkomme und meine Vertriebspartner sogar mehr aus meinen Fehlern und meiner Erfahrung lernen als aus dem, was ich richtig gemacht habe und ich eben meine Glaubenssätze verändert habe.

Dann besserten sich auch meine starken Kopfschmerzen. Am meisten hat mir mein Coach geholfen, mich zu entspannen und meine Kopfschmerzen loszuwerden, denn er unterstützte mich darin, meine Glaubenssätze zu verändern. Ich machte auch eine Therapie, die mir ein Stückweit half, doch mein Coach war ausschlaggebend dafür, dass es mir wieder besser ging.

Wenn du Menschen nicht von dir abhängig machst, sondern ermächtigst, Dinge zu tun, an die sie vorher nie geglaubt haben und durch die sie über sich hinauswachsen, dann nimmst du eine Menge Last von deinen Schultern. Du musst nicht der Beste sein und gibst ihnen auch dadurch das Zepter für ihr eigenes Leben in die Hand. Ich hatte häufig das Gefühl, man muss im Vertrieb Mister Perfect sein, um erfolgreich zu werden. Schnell fiel mir auf, dass ich nicht perfekt bin, sondern weiß, wie viele Fehler ich habe. Für mich macht es viel Sinn, offen mit den Menschen über ihre Fehler und auch über meine Fehler zu sprechen. Die meisten Menschen kehren nicht einem Unternehmen den Rücken, weil sie bei einem anderen noch mehr Geld verdienen können. Sicherlich gibt es auch solche Leute, doch die meisten Menschen verlassen ein Unternehmen, wenn sie nicht gesehen werden, wenn sie das Gefühl haben, nicht ehrlich behandelt zu werden, wenn sie keine Wertschätzung erfahren und wenn sie das Gefühl haben, dass ihnen nicht alles offen kommuniziert wird.

Problem – Lösung

Gerade in unserer Branche fällt mir auf, dass Menschen, die an den Start gehen, sich um alles Mögliche extrem viele Gedanken machen und viele Ängste haben. Wenn ich allerdings ein Problem oder eine Angst zu sehr verkopfe, bringt mich das auch nicht weiter. Ich habe leider das andere Extrem gemacht und bin auf die ersten 30 Leute zugegangen, ohne mir viele Gedanken zu machen. Das war definitiv auch falsch, denn es kommt auf den Mittelweg an. Danach, nachdem ich diese 30 Leute falsch angesprochen hatte, kamen bei mir viele Ängste hoch, und ich sprach über meine Ängste auch mit anderen Leuten, die an den Start gingen und teilte ihnen diese Ängste mit. Diese teilten dann auch ihre Ängste mit mir und ich dachte: »Mensch, diese Angst könnte ich auch noch haben.« So hatte ich dann nicht nur meine eigenen Ängste, sondern hatte diese Ängste meiner Liste von Ängsten noch hinzugefügt. Ich denke, dass wir eine große Kreativität besitzen, uns Probleme auszudenken, aber entscheidend ist, wie kreativ wir sind, um uns eine Lösung zu überlegen.

Was mir auch auffällt, ist, dass Menschen, wenn sie an einen bestimmten Punkt geraten, an dem es problematisch wird, nicht weitermachen, sondern dass sie stehenbleiben, anstatt sich zu überlegen, wie sie weitermachen oder das Problem lösen können oder wen sie um Rat fragen können. Stattdessen nehmen sie es als gegeben hin, dass sie nicht weiterkommen. Viele Menschen haben auch ein totales Problem mit Problemen und wünschen sich die Probleme weg, anstatt zu sagen, es ist nur eine Sichtweise, ob ich denke, das ist ein Problem oder, super da kann ich eine Lösung finden. Ich wünsche vielen Menschen, dass sie die Kreativität, die sie in das Ausdenken von Problemen investieren, lieber in die Lösungssuche investieren. Es ist einfach nur eine Glaubensfrage.

Ich merke auch im Vertrieb, dass die Leute, die aufsteigen wollen, glauben, dass sie dann irgendwann keine Probleme mehr haben. Doch die Realität sieht anders aus: Je weiter ich in der Karriereleiter im Vertrieb aufgestiegen bin, desto mehr Probleme gab es. Ich hatte auf einmal mehr Kunden, mehr Vertriebspartner, mehr Konflikte. Captain Jack Sparrow hat im Film »Fluch der Karibik« einmal zu Recht gesagt: »The problem is not the problem. The problem is your attitude about the problem.« Das ist der zentrale Knackpunkt.

In dieser Aussage steckt so viel Wert, so viel Wahrheit, denn je größer dein Unternehmen wird, desto komplexere Probleme kommen auf dich zu. Ich denke, dass man dahingehend seine Einstellung verändern muss, dass es Sachverhalte gibt, die manche als Problem sehen und andere als ein Sachverhalt, für den wir eine Lösung benötigen. Wenn wir sie nicht finden, können wir uns auf die Suche machen, jemanden in unserem Umfeld zu erkennen, der uns dabei hilft, eine passende Lösung für uns zu suchen. Diese Illusion, irgendwann keine Probleme mehr zu haben, hört spätestens auf, wenn du Kinder hast.

Qualität – Quantität

Die Intensität von Beziehungsebenen ist mir wichtiger als die Menge an Zeit, die ich mit anderen verbringe. Das bedeutet, es ist nicht die Menge an Zeit ausschlaggebend, die wir mit Menschen verbringen, sondern die Qualität ist bedeutsam. Das kann nur eine kurze Zeit sein, dafür aber von hoher Qualität. Doch viele Menschen bewerten Freundschaften oder sonstige Beziehungen nur nach der Menge der Zeit. Mir ist es dadurch gelungen, zu mehreren Menschen eine gute Beziehungsebene aufzubauen, indem ich auf die Tiefe des Gesprächs und die Qualität mehr Wert lege. Ich versuche allerdings auch gerne, einfach nur lustige Momente ohne Tiefe mit meinen Handballkollegen oder mit Leuten zu verbringen, die ich immer mal wieder sporadisch auf Dorffesten sehe und natürlich auch mit meinen guten Freunden und meiner Familie. Ich denke auch, die Mischung ist ausschlaggebend. Dennoch ist es die Tiefe von Beziehungsebenen, die unserem Leben eine Bedeutung verleiht. Natürlich verstärkt Zeit das noch, denn Zeit, bzw. Quantität mal Qualität ergibt natürlich ein höheres Ergebnis. Doch wenn die Qualität Richtung Null geht, kann ich so viel Zeit reinstecken, wie ich will, weil unendlich viel mal null immer noch null ist.

Anhand der AEC-Analyse lässt sich messen, ob ein Mensch zum Vertriebsunternehmen passt oder nicht. Diese Persönlichkeitstests stimmen nicht vollständig und beschreiben keinen Menschen vollumfänglich, doch sie geben coole Tendenzen ab, z. B. ob es sehr wahrscheinlich ist, dass Vertrieb jemandem Spaß macht, wenn er extrovertiert und durchsetzungsstark ist. Wenn du beispielweise stark ökonomisch und stark individualistisch motiviert bist, ist es ein starker Treiber, dich im Vertrieb selbstständig zu machen.

Wir hielten z. B. an Schulen Vorträge und halfen den Schülern, die richtige Berufswahl zu finden. Wenn jemand nicht für den Vertrieb geeignet war aufgrund eines Persönlichkeitstests, machte es dennoch

Sinn, demjenigen Tipps zu geben, in welche Richtung er sich stattdessen orientieren kann. Wenn diese Person durch die positive Erfahrung des Tests den Nutzen des Tests sieht, um für sich die richtige Berufswahl zu treffen, empfiehlt sie aus diesem Grund anderen Menschen, den Test ebenfalls zu machen. So kann ich durch die Sammlung vieler Analysen von Menschen die passenden Leute für mein Unternehmen, bzw. für eine Vertriebstätigkeit herausfinden. Das heißt, es macht für mich Sinn, auch Menschen einen Mehrwert zu bieten, die nicht für den Vertrieb geeignet sind, weil ich felsenfest daran glaube, wenn ich etwas für andere tue, kommt es zu mir zurück.

Ich muss einfach Spaß daran haben, anderen zu helfen. Mir machte es Freude, Menschen einen Tipp zu geben, welcher Job für sie passend sein kann, auch wenn er gar nichts mit unserem Business zu tun hat.

Für mich ist es wichtig, dass die Beziehungen zu Menschen in meinem Umfeld zu mir passen und ich auch zu ihnen. Ansonsten verstelle ich mich nur, und das ist auf die Dauer anstrengend und führt zu nichts. Daher ist es wichtig, in die Tiefe einer Beziehung zu investieren. Dazu gehört auch, manchmal ein unangenehmes Gespräch zu führen, in dem ich dem anderen konkret sage, was ich möchte und was ich nicht möchte oder nicht mehr möchte. Das schafft Klarheit für beide Seiten. Umgekehrt möchte ich mir das auch gerne von meinem Umfeld auf mich bezogen anhören, denn dann kann ich entscheiden, ob ich mich verändern will oder ob es nicht mehr passt. Das heißt nicht, dass ich andauernd meinen Inner Circle wechsle, das ist nicht der Fall. Gerade durch diese Gespräche, wenn Missverständnisse entstehen und man dadurch offen miteinander kommuniziert und dadurch wieder mehr Verständnis für einander hat, intensiviert es enorm die Beziehungsebene und festigt das Band.

Vor einiger Zeit lautete der Slogan unseres Unternehmens: Wachstum durch Qualität. Ich denke, viele Unternehmen schaffen es, durch eine hohe Qualität zu wachsen, obwohl sich die beiden Begriffe auf den ersten Blick ausschließen. Doch viele erfolgreiche Unternehmen schaffen Strategien und Wege, wie sie sich miteinander verbinden lassen.

Richtig – falsch

Meines Erachtens gibt es nahezu kein Falsch und Richtig, sondern nur passend oder nicht passend. Viele Jahre verschwendete ich damit, Menschen zu beurteilen, ob das richtig oder falsch ist, was sie tun. Doch dem Einzigen, dem ich dabei Leid zugefügt habe, war ich selbst. Es ist tatsächlich möglich, aus dem richtig und falsch Denken, und aus dem Urteilen und Verurteilen herauszufinden. Anstelle von richtig und falsch passt besser das Wort Integrität, denn Integrität ist der Weg, den ich für mich wähle. Ich will, dass mein Weg respektiert wird. Wie soll das gehen, ohne andere Wege zu respektieren? Integrität bedeutet, ich handle nach dem, was ich sage. Ich denke, wenn wir permanent andere Menschen beurteilen, haben wir ein Problem mit unserer Selbstliebe und Selbstakzeptanz. Häufig be- und verurteilen wir andere, um uns selbst aufzuwerten. Wir fühlen uns selbst unsicher oder sind mit uns nicht im Reinen.

Früher urteilte ich sehr viel über andere und beschäftigte mich immer wieder mit anderen. Urteilen bedeutet, in den Kategorien richtig und falsch zu denken. Tatsächlich schadete ich bei dem Urteilen über andere nicht ihnen, sondern mir, weil ich mich viel mehr mit dem Leben anderer beschäftigte als mit meinem eigenen. Zu diesem Thema machte mein Coach ein Gedankenspiel mit mir. Er fragte: »Wenn jemand eine offene Beziehung führt, findest du das richtig oder falsch?« Ich antwortete ganz ernst: »Falsch«. Er half mir, aus diesem Gedankenspiel richtig und falsch herauszukommen. Er benutzte statt der Begriffe richtig oder falsch das Wort Integrität. Integrität bedeutet, ich handle nach dem, was ich sage.

Ein Paar sagt also: »Wir wollen eine offene Beziehung führen. Das ist für uns okay und mit unseren Werten vereinbar. Wir sind damit glücklich.« Wenn das für beide okay ist, dann passt es doch. Also einfach bei diesem Thema nicht mehr in den Kategorien richtig und falsch zu denken, sondern: »Ich handle nach dem, was ich sage«, denn richtig und falsch ist immer Interpretation. Dinge, die ich für richtig halte, sind für jemand anderen falsch und umgekehrt. Wenn ich nach dem handle, was ich sage, ziehe ich die Menschen an, die zu mir passen. Gleichzeitig stoße ich Menschen ab, die nicht zu meiner Charaktereigenschaft passen, was vollkommen okay ist.

Wenn bei dem Beispiel beide Partner einverstanden sind, eine offene Beziehung zu führen, ist es in Ordnung. Solange niemand zu Schaden kommt, ist nichts Falsches an der Sache. In diesem Fall kommt niemand zu Schaden, wenn beide das wollen.

Ein Problem entsteht erst dann, wenn einer der beiden sagt: »Ja, ich bin einverstanden«, und der andere lügt oder sagt gar nichts. Dann entsteht ein Konflikt. Mir half diese Sichtweise, denn ich beurteilte auch manche Menschen danach, wie sie ihre Dienstleistung machen: richtig oder falsch. Doch es bringt deinem Leben nichts, über die anderen zu urteilen. Das kostet dich Emotionen, und du schadest beim Urteilen über andere oder beim Verurteilen am Ende immer nur dir selbst. Wenn du klar sagst, was du willst und nach was du handelst, können die Menschen dich daran messen und du sie umgekehrt ebenfalls. Dann weißt du, ob das eine Beziehungsebene ist – sowohl geschäftlich als auch privat –, an der du weiter festhalten willst oder nicht.

Wenn jemand lügt, wäre er nicht integer, weil er dann nicht nach dem handelt, was er sagt. Generell denke ich, dass du dich viel mehr mit anderen Menschen beschäftigst und über sie urteilst, wenn du selbst deinen eigenen Charakter oder dein eigenes Glück nicht gefunden hast. Du bist nur dann im Außen, wenn es im Inneren nicht passt. Vielleicht kennst du in deinem Umfeld so wirklich glückliche Menschen. Ich nehme sie als sehr entspannt und stabil wahr. Ich höre sie ganz selten über andere Menschen urteilen oder abschätzend reden. Das ist für mich erstrebenswert, denn dieses ständige Urteilen über andere kostet nur unnötige Kraft. Wenn andere Menschen viel über ihr Umfeld urteilen, dann weiß ich, dass sie es auch über mich tun.

Und wenn ich jemand bin, der viel über andere urteilt, dann kann ich auch davon ausgehen, dass viel über mich geurteilt wird. Und das will ich nicht. Wenn ich über andere urteile, urteile ich streng genommen auch über mich selbst.

Jeder lebt sein Leben. Egal, welche Entscheidung du triffst, sie wird danach immer etwas Gutes und etwas Schlechtes haben. Es wird immer jemand deine Entscheidung schlecht, bzw. falsch finden, genauso wie es immer Menschen gibt, die deine Entscheidung gut, bzw. richtig finden.

Die Geschichte von Esel, Vater und Sohn

Ein Vater zog mit seinem Sohn und mit einem Esel in der Mittagsglut durch die staubigen Gassen von Keshan. Der Vater saß auf dem Esel, den der Junge führte. »Der arme Junge«, sagte da ein Vorübergehender. »Seine kurzen Beinchen versuchen mit dem Tempo des Esels Schritt zu halten. Wie kann man so faul auf dem Esel herumsitzen, wenn man sieht, dass das kleine Kind sich müde läuft?« Der Vater nahm sich dies zu Herzen, stieg hinter der nächsten Ecke ab und ließ den Jungen aufsitzen. Gar nicht lange dauerte es, da erhob schon wieder ein Vorübergehender die Stimme. »So eine Unverschämtheit. Sitzt doch der kleine Bengel wie ein Sultan auf dem Esel, während sein armer, alter Vater nebenherläuft.« Dies schmerzte den Jungen, und er bat den Vater, sich hinter ihn auf den Esel zu setzen. »Hat man so etwas schon gesehen?« keifte eine verschleierte Frau. »Solche Tierquälerei! Dem armen Esel hängt der Rücken durch, und der alte und der junge Nichtsnutz ruhen sich auf ihm aus, als wäre er ein Diwan, die arme Kreatur!« Die Gescholtenen schauten sich an und stiegen beide, ohne ein Wort zu sagen, vom Esel herunter. Kaum waren sie wenige Schritte neben dem Tier hergegangen, machte sich ein Fremder über sie lustig: »So dumm möchte ich nicht sein. Wozu führe ich denn den Esel spazieren, wenn er nichts leistet, euch keinen Nutzen bringt und noch nicht einmal einen von euch trägt?« Der Vater schob dem Esel eine Handvoll Stroh ins Maul und legte seine Hand auf die Schulter seines Sohnes. »Gleichgültig, was wir machen«, sagte er, »es findet sich doch jemand, der damit nicht einverstanden ist. Ich glaube, wir müssen selbst wissen, was wir für richtig halten.«

Frei nach: Nasreddin Hodscha 666 wahre Geschichten. Hrsg. Ulrich Marzolph. München, 1996, S. 196 f.

Streit

Ich glaube, viele Menschen haben Angst vor Streit, bzw. Auseinandersetzungen, Konflikten und unterschiedlichen Meinungen. Dabei ist es egal, ob es Konflikte im privaten Bereich, in der Beziehung oder im Unternehmen gibt. Um eine entsprechende Lösung zu finden, ist es wichtig, gegensätzliche Meinungen zu äußern. Diese Lösung lässt sich aber nur finden, wenn wir auch in den Konflikt hineingehen und uns der Auseinandersetzung stellen.

Streit muss nicht laut sein, und Konflikt muss nicht nur schlecht sein. Ganz häufig habe ich das Gefühl, dass, wenn ich bei Menschen sensible Punkte anspreche, bei denen ich früher Angst hatte, die Beziehungsebene zu gefährden, genau das Gegenteil passiert: Die Beziehungsebene wird gestärkt. Wenn jemand bei mir negative Punkte anspricht, schafft das bei mir Vertrauen. Diese Dinge will ich zwar nicht immer hören, aber ich denke, dass Streit und Konflikt zur Lösung führen. Dazu müssen beide die Absicht haben und nicht nur streiten um des Streiten willens, sondern streiten im Sinne einer Lösungsfindung. Konflikte lassen sich meist mit offener, gewaltfreier Kommunikation lösen (s. auch unter Gewaltfreie Kommunikation).

Die meisten Menschen sehen Streit allerdings als etwas Negatives an, doch Streit resultiert aus Meinungsverschiedenheiten. Verschiedene Meinungen sind grundsätzlich positiv zu bewerten. Oft geht es einem um das eigene Ego, also darum, recht zu haben, anstatt zu schauen, was das Beste ist, sei es für die Beziehung, für die Firma oder für das gemeinsame Ziel. Ich denke, dass es überhaupt nicht schlimm ist, sich in einer guten Geschäftspartnerschaft, Beziehung oder Freundschaft uneinig zu sein. Wichtig dabei ist nur, dass man auf Augenhöhe gewaltfrei miteinander kommuniziert, weil dann kann Streit etwas Verbindendes, Schlichtendes und auf eine höhere Ebene Kommendes sein. Durch Streit lässt sich auch herausfinden, ob es die richtige Geschäftspartnerschaft, Beziehung oder Freundschaft ist oder nicht. Auch hier heißt die Lösung: offen und gewaltfrei miteinander zu kommunizieren (s. auch unter Offenheit und Gewaltfreie Kommunikation).

Ich finde nur durch Streit heraus, ob ich mit einem Menschen bei Meinungsverschiedenheiten trotzdem einen gemeinsamen Weg finden kann, unter Umständen sogar einen besseren Weg. Der eine kommt mit A, der andere kommt mit B. Und wir gehen raus mit der besseren Lösung C. Viele Beziehungen scheitern, weil die Beteiligten es nicht schaffen, offen und gewaltfrei miteinander zu kommunizieren. Das ist auch eine Erkenntnis, denn dann besteht wieder die Chance auf etwas Neues. Ich denke, dass wir häufig lieber das gewohnte Falsche aufrechterhalten, als das Passendere, Bessere zu suchen. Die meisten Menschen gehen dann auch lieber dem Streit aus dem Weg, anstatt in den Streit hineinzugehen. Das Schlimmste ist meiner Meinung nach, dem Streit aus dem Weg zu gehen, sondern stattdessen mit 30 anderen Leuten darüber zu sprechen, die damit gar nichts zu tun haben. Damit wird alles nur verschlimmert. Die Kunst ist, in den Streit hineinzugehen. Streit ist deshalb so negativ behaftet, weil die Menschen sich entweder nicht alles offen sagen oder schnell in Vorwürfe verfallen.

Dabei leben wir alle in einer Demokratie, bei der eine gesunde Streitkultur unverzichtbar ist. Eine positive Streitkultur in einer Demokratie ermöglicht es den Menschen, kontroverse Themen zu diskutieren, unterschiedliche Standpunkte zu vertreten und alternative Lösungen zu finden. In einer funktionierenden Demokratie wird anerkannt, dass Menschen verschiedene Perspektiven haben und unterschiedliche Interessen vertreten. Konflikte werden nicht als Bedrohung angesehen, sondern als Möglichkeit, unterschiedliche Sichtweisen zu beleuchten und Kompromisse zu finden. Diese Kompromisse werden nicht als Schwäche betrachtet, sondern als Zeichen eines konstruktiven Dialogs. Winston Churchill sagte hierzu: »Demokratie ist die schlechteste aller Regierungsformen – abgesehen von all den anderen Formen, die von Zeit zu Zeit ausprobiert worden sind.« Fakt ist: Dort, wo Menschen zusammenleben, wird es zu Streit kommen.

Ein gutes Streitgespräch sollte meiner Ansicht nach offen, direkt und gewaltfrei ablaufen. Die Masse der Streite funktioniert deshalb nicht, weil jemand recht haben will und dem anderen Vorwürfe macht und weil derjenige emotional wird. Wenn ich das alles nicht mache, erhöhe ich die Wahrscheinlichkeit, dass der Streit gut ausgeht. Dann muss ich aber wirklich selbstkritisch sein und mich mehrmals fragen: Habe ich alles in meiner Macht Stehende getan? Dann muss ich vielleicht auch ehrlich einfach sagen: »Ich passe nicht zu diesem Menschen und dieser Mensch passt nicht zu mir.« Das ist vollkommen okay.

Trauer

Mit dem Thema Trauer hatte ich sehr lange extrem viele Probleme, gerade durch die vielen Todesfälle, die mir widerfahren sind. Ich war überwältigt und wusste nicht, wie ich damit umgehen soll. Als Dieter, der Vater meines besten Freundes, der nach dem Tod meines Vaters zu einer Art Vaterfigur für mich wurde, starb, wurde auf Dieters Beerdigung das Lied »Die Rose« von Peter Alexander gespielt, weil er die Lieder von Peter Alexander und auch deren Texte sehr gut fand.

Wer nie weint und niemals trauert
Der weiß auch nichts vom Glück
Wer nur sucht, was ewig dauert
Versäumt den Augenblick

Wer nie nimmt, kann auch nicht geben
Und wer sein Leben lang
Immer Angst hat vor dem Sterben
Fängt nie zu leben an

Es war für mich eigenartig, doch als ich auf dieser Beerdigung war, fühlte ich mich tatsächlich auf eine seltsame Art und Weise glücklich, weil ich verstanden hatte, dass ich nur um jemanden trauern kann, den ich wirklich geliebt habe. Ich kann nichts daran ändern, dass derjenige jetzt nicht mehr da ist, aber je trauriger ich bin, desto mehr Liebe habe ich empfunden und desto tiefer ist die Verbundenheit zu demjenigen gewesen, bzw. ist sie sogar noch. Ich fand in dem Moment meine Trauer irgendwie schön, denn mir wurde bewusst, dass das, was die Menschen uns gegeben haben, die wir geliebt haben, nicht weg ist, sondern für immer dableibt. Wenn ich traurig bin, erinnere ich mich automatisch an die schönen Zeiten, die ich mit diesen Menschen verbracht habe. Ein Mensch ist erst dann wirklich gestorben, wenn du nicht mehr an ihn denkst und nicht mehr über ihn sprichst. Ich bin aber oft traurig darüber, dass diese Menschen nicht mehr da sind, und spüre daher ein schönes, tiefes Gefühl von Verbundenheit. Ich bin zwar nicht unbedingt positiv gestimmt, doch gleichzeitig ist es irgendwie schön.

In dem Lied von Peter Alexander heißt es auch: »Wer nur sucht, was ewig dauert, versäumt den Augenblick.« Manche Menschen tun alles für die Zukunft, sind aber nicht im Hier und Jetzt. Lange Zeit konnte auch ich nicht einfach den Moment genießen. Ich bin nicht mehr zu Geburtstagen von Familienmitgliedern gegangen, weil ich mein Unternehmen aufbauen wollte, damit ich in Zukunft Sicherheit für meine Familie habe. Dabei versäumte ich leider den Augenblick, mit ihnen an ihren Geburtstagen Zeit zu verbringen. Ich mag diesen Gedanken: Stell dir vor, jeder Augenblick in deinem Leben ist der wichtigste in deinem Leben.

Ich sage mir: Es gibt nichts Wichtigeres in meinem Leben, als jetzt hier zu sein. Wenn es etwas Wichtigeres gäbe, dann sollte ich nicht hier sein.

Manchmal habe auch ich keine Lust darauf, bestimmte Dinge zu erledigen oder ein anstrengendes und schwieriges Gespräch zu führen, doch ich verstehe, dass ich gerade nur diesen einen Augenblick habe, und er ist jetzt der wichtigste in meinem Leben, egal, ob ich ihn gerade schön finde oder nicht. Ich muss nicht jeden Moment immer schön finden, denn das Leben ist nicht nur schön, doch ich weiß, es ist gerade der wichtigste, denn Wichtigkeit kennt kein schön, negativ oder positiv. Mit diesem Satz bekomme ich eine ganz andere Wachsamkeit für diesen Moment. Wenn ich es immer wieder schaffe, mir vor Augen zu führen, dass es gar keine andere Konsequenz gibt, als dass jeder Moment der wichtigste Moment in meinem Leben ist, führe ich ein viel bewussteres, wacheres und besseres Leben.

Angst kann wertvoll sein

Selbst wenn du es nur einmal in der Woche schaffst, dir zu sagen, dass dieser eine Moment der wichtigste in deinem Leben ist, wird dein Leben dadurch schon besser und du lebst bewusster. Häufig haben wir das Gefühl, alles für die Zukunft zu tun und vergessen dabei das Hier und Jetzt. Und das will ich nicht mehr. Hierzu habe ich ein Zitat eines unbekannten Autors gelesen: »Wer die Gegenwart genießt, hat in Zukunft eine wundervolle Vergangenheit.«

Ein weiterer schöner Satz aus dem Lied von Peter Alexander lautet: »Wer nie nimmt, kann auch nicht geben.« Viele Menschen scheuen sich davor zu nehmen. Doch wenn ich niemals etwas nehme, was soll ich dann geben? Weiter heißt es: »Und wer sein Leben lang immer Angst hat vor dem Sterben, fängt nie zu leben an.« Wenn du also permanent Angst hast und nicht anfängst zu leben, gehst du immer mit angezogener Handbremse durchs Leben. Doch Angst kann so wertvoll sein und Dinge in Respekt vor etwas verwandeln. Angst kann Respekt sein, Angst kann negativ nur Angst sein.

Besser ist die Frage, wie ich meine Angst interpretiere. Wenn ich meine Angst vor etwas in Respekt vor etwas interpretiere, kann meine Angst positiv für mich wirken. Allerdings verlieren sich viele Menschen in der Angst und fangen demzufolge nie ein richtiges Leben an.

Als das dritte Kind meines besten Freundes, der wie ein Bruder für mich ist, auf die Welt kam und ich zu ihnen nach Hause ging, um das neue Kind zu begrüßen, hatte ich das gleiche Gefühl, wie an dem Tag, als Dieter starb. Das hat mich irritiert, weil auf der einen Seite jemand stirbt und auf der anderen Seite ein neuer Mensch auf die Welt kommt. Ich hatte in beiden Situationen das gleiche Gefühl und verstand, dass beides Liebe ist. Ich empfand Liebe in Form von Trauer, als Dieter gestorben ist. Gleichzeitig verspürte ich Liebe in Form von Freude auf das neue Leben. Ich fühlte einfach eine tiefe Verbundenheit zu der Familie meines besten Freundes. Je trauriger man ist, desto mehr Liebe hat man empfunden. Das war auf eine seltsame Art und Weise schön. Ich mag diesen einfachen Satz:

Trauer ist Liebe, die überdauert.

Das folgende Gedicht über Trauer habe ich als Pendant zu dem Gedicht über Liebe geschrieben (s. auch unter Liebe):

Manche sagen Liebe sei das Größte auf Erden,
warum bringt sie dann so viel Verderben,
warum müssen geliebte Menschen sterben,
warum lassen sie uns allein,
warum können sie nicht mehr bei uns sein,

Keine Antwort auf diese Fragen
kann dich trösten in den schmerzhaften Tagen,
kein Rat vermag es dir zu nützen,
scheinbar kein Mensch kann dich unterstützen,

Liebe führt am Ende immer nur zu Leid,
dafür bin ich in diesem Leben nicht mehr bereit,
Meine Emotionen lasse ich gänzlich abkühlen,
am besten höre ich für immer auf zu fühlen,

kein Schmerz, keine Trauer, keine Wut,
Oh mein Gott, wäre das gut,
für immer neutral zu leben,
was kann es Schöneres geben,

doch egal wie sehr ich es will
da bleibt immer dieses negative Gefühl
es geht einfach nicht weg
und zieht mich weiter in den Dreck

Selbst beim Verdrängen kommt alles zurück,
es wird für immer bleiben mein Unglück,
meine Trauer wird für immer bleiben,
wie kann ich mich jemals wieder antreiben,

Doch wenn die Trauer für immer bleibt
Hält sie vielleicht etwas Gutes für mich bereit,
ich konnte es die ganze Zeit nur nicht verstehen,
Jetzt frage ich mich, wie konnte ich es übersehen,

Wenn die Trauer für immer bleibt,
dann hält sie auch etwas Gutes bereit,
jetzt kann ich es sehen,
endlich kann ich es verstehen,
Lange genug hat es gedauert,
Trauer ist Liebe, die überdauert.

Ich bin stolz auf meine Worte, die ich fand, denn ich glaube, jemand, der einen Menschen verloren hat, findet sich in dem Gedicht ganz gut wieder. Die Auflösung ist einfach: Trauer hält auch etwas Gutes bereit. Und das ist Liebe, die überdauert.

Urteil

Wenn man urteilt, urteilt man häufig in richtig und falsch, bzw. auch in gut oder schlecht. Wenn man in gut oder schlecht urteilt, kann ich dazu folgende Geschichte empfehlen:

Weisheitsgeschichte: Ob gut, ob schlecht, wer weiß das schon?

Ein Bauer hatte einen Sohn und ein Pferd auf einer Weide. Es war das schönste Pferd im ganzen Land und alle Leute lobten den Mann und seinen Sohn für ihr wunderschönes Pferd. Sie bemerkten, dass er wirklich sehr viel Glück hatte. Doch der Bauer war klug und weise. Stets war seine Antwort: »Ob gut, ob schlecht, wer weiß das schon ...«

Eines Tages büxte das Pferd aus und war fort. Die Leute kamen zum Bauer und sagten: »Oh, du armer Mann, du hattest das schönste Pferd und nun ist es weg. Wie bist du arm dran!« Doch der Bauer sprach weise und klug: »Ob gut, ob schlecht, wer weiß das schon ...«

So zog der Sohn aus, um nach dem Pferd Ausschau zu halten. Nach langer Suche fand er es endlich in einer großen Herde stolzer Wildpferde. Als er sein Ross einfing, folgten ihm alle Wildpferde bis nach Hause. Von da an besaßen der Mann und sein Sohn viele teure und edle Wildpferde.

Die Leute aus der Umgebung kamen erneut und sprachen voller Bewunderung: »Oh, du glücklicher Mann. Nun hast du einen Stall voll von edlen und teuren Pferden. Wieviel Glück du doch hast!« Doch der Mann, weise und klug, antwortete stets: »Ob gut, ob schlecht, wer weiß das schon ...«

Als der Sohn des Mannes eines Tages auf einem der Wildpferde ritt, stürzte er und brach sich das Bein. Wieder kamen die Leute

und meinten: »Oh, du armer Mann, dein Sohn ist so schwer gestürzt, was für ein großes Pech du doch hast!« Der Bauer antwortete: »Ob gut, ob schlecht, wer weiß das schon ...«
Einige Tage später brach ein Krieg übers Land, und es kam die Nachricht des Königs, dass alle jungen Männer in den Krieg ziehen mussten. Alle, außer der Sohn des Bauern, der sich das Bein gebrochen hatte ...
... und so ging die Geschichte weiter.
Ob gut, ob schlecht, wer weiß das schon?

Frei nach Ajahn Brahm – Die Kuh, die weinte.
Quelle: https://coachinglovers.com/weisheiten/weisheitsgeschichte-ob-gut-ob-schlecht-wer-weiss-das-schon/

Verantwortung

Verantwortung verbinden Menschen häufig mit etwas Negativem, weil sie oft nicht die positive Interpretation »Verantwortung« sehen, sondern die negative Interpretation »Schuld«. Menschen wollen ungern an etwas schuld sein oder für etwas verantwortlich sein oder gemacht werden. Wenn du nicht schuld sein möchtest im negativen Sinne, bist du in einer Opferrolle, weil du nicht handelst. Du übernimmst positiv gesehen keine Verantwortung, sondern machst häufig gar nichts oder schickst andere vor. Das mag zwar bequem klingen, doch bist du weder schuld noch verantwortlich. Ich bin zum Beispiel gerne verantwortlich, weil ich nur dann die Chance habe, etwas so zu beeinflussen, dass es auch gut laufen kann.

Für mich gehört es dazu, Verantwortung zu übernehmen, denn sonst führe ich ein komplett fremdbestimmtes und kein selbstbestimmtes Leben. Wenn du nur an die negative Interpretation von Schuld denkst und dich vor allem wegduckst, ist das für mich der Inbegriff der Opferrolle. Die Entscheidung liegt bei dir. Lieber bin ich verantwortlich dafür, dass etwas gut oder schlecht läuft, weil ich bei beiden Optionen gewinne: Wenn es gut läuft, bekomme ich den Preis. Wenn es schlecht läuft, kann ich aus den Fehlern, die ich gemacht habe, lernen. Bei der Arbeit hört mein Team mehr auf mich, wenn ich sage: »Ich habe es falsch gemacht« anstatt: »Das habe ich richtig und toll gemacht.« Wenn ich dann sogar noch anderen etwas beibringe und Verantwortung übernehme, habe ich sogar den Vorteil, dass sich Fehler doppelt lohnen. Wie traurig wäre es, keine Fehler zu machen. Wir würden nie etwas lernen und hätten nie einen Rückschlag. Wir könnten nie gewinnen, wenn wir keine Fehler machen.

Wenn bei meiner Arbeit die Frage aufgeworfen wird: »Wer war hierfür verantwortlich?«, antworte ich meist: »Zur Not bin ich schuld« oder »Macht mich dafür verantwortlich.« Für mich gibt es keinen

Unterschied zwischen dem Begriff Schuld und Verantwortung. Das ist für mich ein und dasselbe, denn der eine interpretiert Verantwortung als positiv oder negativ, der andere hat seine Meinung dazu, ob Schuld positiv oder negativ ist. Mir ist es völlig egal. Dann bin ich eben verantwortlich. Dann zeigt mit dem Finger auf mich. Ich bin schuld und verantwortlich zugleich, wie auch immer du es interpretieren willst. Dann habe ich allerdings die Möglichkeit, es zu verändern. Für mich würde es mehr Kraft kosten, nicht verantwortlich zu sein, weil es gleichbedeutend damit wäre, dass ich es nicht verändern kann. Wie traurig wäre denn das? Dann wäre ich meines Erachtens in der Opferrolle, denn dann könnte ich mein Leben nicht selbst in die Hand nehmen. Das ist total unlogisch für mich. Und das möchte ich nicht. Ich will mein Leben oder einen Sachverhalt selbst in die Hand nehmen können. Deshalb bin ich immer gerne verantwortlich, bzw. schuld.

Ich habe für mich den positiven Glaubenssatz entwickelt: Ich kann alles in meinem Leben verändern. Deshalb sage ich immer zu meinem Team schon vorher, wenn es um Schuldzuweisung geht: »Können wir unterbrechen? Du bist nicht schuld, ich bin schuld. Können wir jetzt weitermachen?« Was verändert es? Es verändert an der Sache überhaupt nichts, wenn geklärt ist, du hast das falsch gemacht. Jetzt könnten wir mit dem Finger auf denjenigen zeigen, ihn mobben und ihn ausgrenzen. Doch was bringt es uns? Mein Team kann es gerne mit mir machen und sich über mich lustig machen oder mich deshalb verlassen, denn in mir löst es nichts aus. Das trifft auch auf Freunde, Partner oder Geschäftspartner zu.

Wenn du mich dafür verlässt, weil ich Verantwortung übernehme, bist du nicht der passende Mensch in meinem Leben. Wenn mich jemand verlässt, weil ich zu viele Fehler mache, ist es vielleicht auch berechtigt, weil ich nicht aus meinen Fehlern lerne oder immer wieder die gleichen Fehler mache. Das ist dann total legitim. Doch wer viel macht, macht viele Fehler, und wer viel macht, macht allerdings auch viel richtig. Es ist wieder nur die Angst, die mich nicht ins Handeln, sondern ins Bremsen bringt. Deshalb habe ich eine positive Haltung gegenüber Verantwortung. Für mich ist Verantwortung die positive Interpretation und Schuld die negative Interpretation.

Ins Handeln kommen

Mir geht es darum, dass die Menschen etwas tun, dass sie ins Handeln kommen, denn Leben ist Fortschritt, Leben ist Bewegung. Wenn du etwas machst, läuft es gut oder schlecht. Mit gefällt das Zitat von Michael Jordan: »I have missed more than nine-thousand shots in my career. I have lost almost three hundred games. Twenty six times, I have been trusted to take the game winning shot and missed. I failed over and over again in my life. And that is why I succeed.« Die meisten Sportler, die erfolgreich sind, haben die meisten Spiele verloren oder die meisten entscheidenden Fehler gemacht, weil sie Verantwortung übernommen haben. Sie haben aber auch die meisten Spiele zugunsten ihres Teams entschieden.

Vor einiger Zeit wollte meine jüngere Tochter nicht gegen ihre große Schwester ein Spiel spielen, weil sie Angst hatte zu verlieren. Ich ermutigte sie jedoch, es trotz ihrer Angst zu machen. Anscheinend ging sie davon aus, dass ich als ihr Vater beim Handballspielen immer gewinne. Ich sagte meinen Kindern aber, dass ich schon sehr oft verloren habe. Auch ich wollte ganz häufig schon nicht auf das Feld, weil ich Angst hatte zu verlieren. Doch dann fragte ich mich: »Spielst du, weil es ums Gewinnen und Verlieren geht oder weil du Spaß am Spiel haben willst?« Natürlich macht Gewinnen mehr Spaß als Verlieren, doch kannst du nur gewinnen, wenn du auch verlierst. Du kannst beim Verlieren auch lernen, was du falsch gemacht hast und dich darin dann verbessern.

Auch aus den Dingen, die ich bei meiner Arbeit falsch gemacht habe, konnte ich immer etwas lernen. Ohne diese Fehler wäre ich heute nicht einmal ansatzweise dort, wo ich jetzt bin. Deshalb übernehme ich gerne Verantwortung. Es gibt sicherlich wenige Spieler wie Michael Jordan, die 26-mal ein Spiel gegen ihre Mannschaft entschieden haben. Ich denke, ich bin auch Spitzenreiter bei uns im Team, wenn es um Fehler geht. Ich bin wahrscheinlich derjenige, der mit Abstand die gravierendsten, schlechtesten Entscheidungen für sein Team getroffen hat. Wahrscheinlich gibt es nur ganz wenige Menschen, die mehr Fehler gemacht haben in meinem Team als ich. Es gibt wenige Partner, die mehr Vertriebspartner oder mehr Kunden verloren haben als ich. Auf der anderen Seite gibt es aber auch wenige, die so viele Vertriebspartner und Kunden gewonnen haben wie ich.

Mein größter Fehler war, dass ich am Anfang versucht habe, meine Unsicherheit mit Arroganz zu kaschieren. Das wirkt nicht besonders vertrauensvoll und stößt Menschen ab, baut keine Verbindung zu Menschen auf, sondern Distanz. Ich dachte, ich könne Menschen erfolgreich machen, doch damit machte ich sie abhängig von mir. Wie traurig wäre es, wenn ich keine Fehler gemacht hätte? Fehler machen mich nahbar bei Menschen. Ich muss nicht perfekt sein, um erfolgreich zu sein. Die Menschen sind viel wachsamer, wenn ich über meine Fehler spreche und hören mir mehr zu. Sie sind außerdem viel eher bereit, über ihre Fehler und Schwächen zu sprechen, wenn ich mich ihnen öffne (s. auch unter Offenheit).

Ich glaube, dass Fehler immer wieder auf mich zukommen, weil mir das Leben immer eine Lektion im positiven Sinne erteilen möchte. Es ist die Frage, wie du es interpretierst und wie du darauf antwortest. Wenn man nicht handelt, schiebt man im Grunde Fehler nur vor sich her. Lieber mache ich den Fehler jetzt. Manche sagen dann: »Du bist so naiv und dumm.« Das ist die Interpretation der anderen. Gerade diese vermeintliche Naivität oder Dummheit sorgte bei vielen Menschen im Vertrieb für viel Erfolg, weil sie nicht alles zu Tode gedacht haben und sich nicht in ihren Ängsten verloren haben.

Meiner Meinung nach gibt es zwei extreme Arten von intelligenten Menschen. Die eine schafft es, ihre Intelligenz dafür zu nutzen, alles zu verkopfen und in allem nur Probleme zu sehen. Die zweite extreme

Art von intelligenten Menschen schafft es, in den komplexesten Zusammenhängen die Einfachheit in den Dingen zu sehen und damit ein gelassenes und glückliches Leben zu führen. Nicht jeden Tag, denn nobody is perfect. Für mich ist wichtig, für meine Handlungen Verantwortung zu übernehmen. Hier will ich gar nicht abhängig von einer anderen Person sein. Wenn ich beispielsweise morgens aufstehe und grundlos schlechte Laune habe, denke ich auch nicht sofort, dass ich einen neuen Coach brauche, der mir hilft oder denke auch nicht sofort, dass ich ein riesiges Mindset-Problem habe. Wenn das mal passiert, ist das total okay. Wenn ich allerdings verkrampft bin, verschlimmere ich alles nur. Ich darf das Ganze auch mit der notwendigen Entspannung angehen. Wenn ich natürlich an 25 von 30 Tagen schlecht gelaunt aufstehe, sollte ich mir auf jeden Fall Hilfe suchen.

Mein Standardsatz bei der Arbeit, wenn etwas nicht funktioniert, ist: »Dann bin ich schuld. Dann bin ich verantwortlich.« Sei es zu wenige Kunden, zu wenig Umsatz oder zu wenige Vertriebspartner. Wenn die Webinare angeblich nicht gepasst haben, wenn die Präsentationen angeblich nicht gut genug waren – egal, was passiert ist, zeigt gerne auf mich, wenn ihr es braucht. Damit nehme ich den Leuten komplett den Wind aus den Segeln. Ich habe den Eindruck, dass viele Führungskräfte ständig damit beschäftigt sind, ihre Fehler zu kaschieren und bei ihrem Team gut dazustehen. Ich sage stattdessen: Wenn ihr es braucht, zeigt auf mich. Ich mache alles falsch. Alles ist gut. Hauptsache ich mache etwas, denn dann habe ich die Möglichkeit, Fehler zu machen, aus denen ich lernen kann, was wiederum einen Vorteil für mich hat. Wenn ich nichts mache, nehme ich mir selbst diese Möglichkeit. Ich mache nicht mit Absicht den gleichen Fehler. Es soll auch kein Freifahrtschein sein, so dass ich zwar verantwortlich bin, doch nichts verändere, sondern dass ich Verantwortung für meine Taten übernehme. Verantwortung bringt mich in die absolute Täterrolle, an das Steuer meines Lebens.

Die meisten Menschen machen lieber eine andere Person für ihr Unglück verantwortlich als sich selbst. Ich verstehe auch die Motivation dahinter. Das ist viel bequemer. Ich selbst war früher genauso. Doch dann fragte ich mich: Holen die anderen mich aus meinem Unglück aktiv wieder heraus? Wissen sie überhaupt, was ich brauche? Oder ist es vielleicht schlauer, wenn ich das selbst mache? Das heißt nicht, dass ich nicht um Hilfe bitten kann.

Neulich sah ich einen Post im Internet mit einem Zitat aus dem Buch »Der Junge, der Maulwurf, der Fuchs und das Pferd« von Charlie Mackesy. Darin fragt der Junge das Pferd: »Was ist das Tapferste, das du je gesagt hast?« Das Pferd antwortet: »Hilfe«. Um Hilfe zu bitten, bedeutet nicht, keine Verantwortung zu übernehmen. Um Hilfe zu bitten, bedeutet, nicht aufzugeben. Um Hilfe zu bitten, erfordert Mut (s. auch unter Bitte). Es erfordert Mut, offen über seine Themen zu sprechen und sich Mehrwert von außen zu holen, um besser zu werden. Um Hilfe zu bitten, ist der Inbegriff für kein Stillstand und für Verantwortung übernehmen.

Wichtig ist, Verantwortung nicht falsch zu interpretieren, denn häufig stellen sich viele Menschen beim Thema Verantwortung übernehmen einen heroischen Helden vor, der keine Ängste hat. Täterrolle, bzw. Verantwortung übernehmen, bedeutet für mich zu handeln und offen über seine Ängste zu sprechen (s. auch unter Offenheit).

Verkauf

Das Thema Verkaufen ist in Deutschland negativ behaftet. Ich bin allerdings davon überzeugt, dass der Job des Verkäufers ein sehr hochwertiger Beruf ist, wenn es wirklich darum geht, den Nutzen des Kunden in den Vordergrund zu stellen, und wirklich die Absicht zu haben als Verkäufer, seinem Gegenüber einen Mehrwert zu bieten.

Jeder gute, offene Verkäufer wird stolz auf seinen Beruf sein, wenn er das Gespräch zwischen Eckermann (Meister Eckhart) und Goethe kennt: »Ich bin stolz auf meinen Beruf«

Goethe äußerte in einem Gespräch mit Eckermann: »Ich wüsste nicht, wessen Geist ausgeprägter sein müsste als der des Handelsmannes.«

Diese Zitate mögen den Verkäufer nicht nur stolz machen, sondern ihn auch verpflichten, ständig an sich zu arbeiten. Der Beruf des Verkäufers hat keine dreijährige, sondern eine lebenslange Lehrzeit. Man wird bei der Begegnung mit anderen Menschen nie auslernen. Das macht das Schöne und Aufregende dieses Berufes aus.

Verkaufen ist nicht irgendein Beruf, sondern eine Aufgabe, die sehr viel Selbstdisziplin, Takt, Ausdauer und die Bereitschaft, ständig zu lernen, verlangt. Vom Verkäufer wird dabei eine zentrale Eigenschaft verlangt, deren Fehlen schwerer wiegt als der Mangel an Intelligenz.

Wir meinen Humor. Humor im echten Sinne des Wortes, der charakterologisch verwandt ist mit Güte, Wohlwollen, Gemeinschaftsgefühl, Altruismus und nichts mit Witzigkeit und schon gar nichts mit Ironie zu tun hat. Humor weiß auch um die »Kehrseite der Medaille«, die Tragik des Lebens, die mit einem »Dennoch« gemeistert wird.

Nicht ohne Humor ist deshalb der »Brief an seine Exzellenz den Verkäufer«, den ein westdeutsches Unternehmen an seine Herren im Außendienst verschickte: »Ein Unternehmen ist eine Einrichtung, die keinen Grund zum Bestehen und keinen Beitrag für die Gesellschaft zu leisten hat, sofern sie nicht in der Lage ist, einen Kunden zu finden«. Verkäufer sind die wichtigste Antriebskraft in der modernen Wirtschaft, sie sind die nimmermüden Garanten für Wachstum und Wohlstand. Sie bewegen mehr Geld als alle Nabobs der Welt zusammengenommen, sie machen Besuche zu den ungeeignetsten Zeiten, stehen öfter in Opposition und im Regen, stellen mehr wesentliche Fragen, geben mehr Auskünfte, werden mit mehr Unbequemlichkeiten fertig als die Masse der übrigen in der Wirtschaft tätigen Menschen.

Verkäufer bringen mehr Freude, verursachen mehr Irrtümer, kolportieren mehr Nachrichten, korrigieren mehr Fehler und hören mehr Beschwerden, gleichen mehr Differenzen aus und verschwenden mehr Kraft und Nerven, ohne ihre Ruhe zu verlieren, als irgendeine andere Gruppe von Menschen.

Verkäufer werden individuell und kollektiv abwechselnd in den Himmel gehoben und verdammt, man diskutiert über sie auf Vertriebstagungen, bei kulturellen Veranstaltungen, hinter verschlossenen Türen, in Herren- und Damenzimmern, in Bars und an anderen geistigen Orten, von ebenso vielen Standpunkten aus und mit derselben Heftigkeit wie in den Schlagzeilen seriöser und anderer Zeitungen.

Verkäufer verkaufen und führen mehr neue Waren ein, disponieren über mehr alte Waren, beladen mehr Waggons, löschen mehr Schiffe, bewegen mehr Lastwagen, entwerfen mehr Pläne und halten mehr Fließbänder in Bewegung als alle anderen Geschöpfe dieser Erde.

Fürwahr, meine Freunde: Verkäufer halten die Räder der Wirtschaft und den Geist der Menschen in Bewegung. Mehr kann von keinem Menschen gesagt werden.

Deshalb sei vorsichtig, wenn du jemanden einen »Verkäufer« nennst, es sei denn, du willst ihm schmeicheln.

Wir haben einen tollen Beruf und sind berufen!«

Quelle: Akademie Markt I Wert I Steigerung

Vertrauen

Vertrauen wird definiert als sichere Erwartung und fester Glaube daran, dass man sich auf jemand anderen oder auch sich selbst oder etwas verlassen kann.

Bei mir war es so, dass ich darauf hingearbeitet hatte, Sicherheit in meinem Leben zu erreichen. Tatsächlich war aber diese Unsicherheit, die ich durch die Todesfälle und Verluste empfand, ein enormer Motor für mich. Ich wollte alles in meinem Leben kontrollieren, was ich kontrollieren konnte, weil diese Ohnmacht, diese Nichtkontrolle über die Verluste mir viel Leid zugeführt hatten. Deshalb wollte ich alles kontrollieren.

Daher setzte ich alles daran, dass ich das bestmögliche Abi machte, was mir möglich war, dass ich an einer der besten Universitäten für Betriebswirtschaftslehre studierte – in Mannheim. Mein Auslandssemester verbrachte ich an einer der besten Universitäten Europas – in St. Gallen. Ich dachte, je mehr Leistung ich bringe, desto mehr kann ich mein Leben kontrollieren. Dann kann ich meine Kinder privat krankenversichern und habe genügend Geld. Ich wollte sogar Leben kontrollieren, weil ich dachte, wenn irgendwann einmal die Kinder etwas haben und bräuchten einen Spezialarzt, der 100.000 Euro in Amerika kostet, wäre es kein Problem für mich, mir das zu leisten. Doch das Einzige, das sicher ist im Leben, ist die Unsicherheit.

Mein Ziel war, 100.000 Euro Rücklagen zu haben, dann wollte ich eine Million und irgendwann merkte ich, dass mir das Ganze überhaupt keine Sicherheit gibt. Ich erkannte, dass das Geld, das Team, das ich aufgebaut hatte, alle meine Kunden, auch wieder weg sein können. Je mehr Sicherheit ich mir aufbaute, desto unsicherer fühlte ich mich, auch aus der Angst heraus, ich verliere gerade meinen Treibstoff.

Meinen Treibstoff der Unsicherheit verlor ich, indem ich mehr Sicherheit erlangte, was mich daraufhin wieder unsicher gemacht hatte.

So schwang ich die ganze Zeit wie ein Pendel zwischen Unsicherheit und Sicherheit hin und her.

Die Auflösung für mich war: Das Einzige, das Sicherheit geben kann, ist Vertrauen. Vertrauen zu haben in sich, in die Menschen in meinem Umfeld und in die Beziehungsebene zu anderen Menschen. Das ist das, was dich reich macht, das, was du selbst bist und das, was dich mit anderen verbindet. Egal, wie groß dein Unternehmen nun ist, es kann pleitegehen. Egal, wie viel Geld du hast, es kann weg oder nichts mehr wert sein. Das, was dich wirklich reich macht und dir wirklich Sicherheit gibt, ist die vertrauensvolle Basis zu dir selbst und zu anderen Menschen. Für mich ist Vertrauen die Auflösung zu Unsicherheit. Vertrauen funktioniert nur mit einer bedingungslos offenen Kommunikation und damit, dass die Menschen, die ich kenne, alle meine Fehler kennen und mich sogar manchmal dafür lieben.

In dem Wort Vertrauen steckt auch das Wort trauen, d. h. ich traue mich etwas. Ich traue mir etwas zu. Ich traue mir zu, mich anderen zu öffnen, etwas von mir preiszugeben und ich traue mir zu, mich mit anderen zu verbinden, sodass eine positive Resonanz entsteht. Meiner Mutter wäre es total egal, ob ich erfolgreich bin oder nicht, was ich alles kann oder nicht, das wäre ihr alles egal. Meinen engsten Freunden ist das auch egal. Mein Mentor hat einmal gesagt: »Wenn Königswege pleitegeht, ist es doch nicht schlimm, dann bauen wir es wieder auf.« Das hat mir viel Sicherheit gegeben, weil ich ihm vertraue.

Es geht darum, was zwischen uns Menschen ist. Menschen geben dir Sicherheit und nicht irgendetwas Materialistisches. Zusätzlich geben dir deine Fähigkeiten Sicherheit, bzw. dein Vertrauen in deine Fähigkeiten, letzten Endes dein Vertrauen in dich selbst.

Warum

Wenn bei einem meiner Vertriebspartner ein Prozess mit einem potenziellen Vertriebspartner ins Stocken gerät, stelle ich häufig die Frage: »Kennst du sein Warum?« Welches ist sein größtes Lebensziel?« In fast allen Fällen hat derjenige, bei dem der Prozess gerade stockt, derjenige, der ihn für sein Team gewinnen will, keine Antwort auf diese Frage. Dann ist es logisch, warum der Prozess nicht vorwärts geht. Wenn er keine Ahnung hat, was ihm die Tätigkeit als Vertriebspartner nützt, wieso sollte er sie anstreben? Er will wissen, was ihm das Ganze bringt, was er davon hat. Das ist vollkommen legitim und verständlich. Dieses Warum zu beantworten, ist am allerwichtigsten. Wenn ich fünfmal Warum frage in einem Gespräch, bekommt das Gespräch eine große Tiefe.

Wenn ein Vertriebspartner beispielsweise einen potenziellen Partner fragt, welches sein größtes Ziel ist und er antwortet: »Geld« oder »finanzielle Unabhängigkeit«, hat er häufig Angst, weiter zu fragen: »Warum Geld?« Oftmals interpretieren wir vorschnell, indem wir denken: »Oh, was für ein geldgeiler Mensch. Mit dem will ich nichts zu tun haben. Der ist der Falsche für mein Team.« Das kann sein, doch wäre es nicht viel schlauer zu fragen: »Warum?« Vielleicht finde ich durch dieses Fragen nach dem Warum eine tiefere Verbindung zu ihm. Vielleicht kann ich dadurch überhaupt eine Verbindung zu ihm aufbauen.

Geld kann kein Ziel sein, weil Geld keinen intrinsischen Wert hat, es sei denn, ich mache etwas mit dem Geld. Angenommen, ich würde dir einen Koffer mit einer Million D-Mark schenken und du könntest diesen nicht mehr bei der Bank eintauschen, was würdest du damit anfangen? Vielleicht fändest du es cool zu sehen, wie es ist, so viele Geldscheine vor dir zu haben. Vielleicht würdest du die Geldscheine hochwerfen, vielleicht würdest du im Geld baden, aber ich glaube, dass du relativ schnell die Freude daran verlieren würdest.

Ich denke, viele Familien hätten es viel leichter, wenn sie keine Geldsorgen hätten oder Geld nicht ein Thema wäre. Einer der häufigsten Gründe, warum Probleme in Familien oder bei Paaren entstehen, ist das Thema Geld. Wie cool wäre es, wenn das zumindest reduzierter der Fall sein könnte? Wenn also jemand die Frage nach dem größten Ziel mit »Geld« beantwortet, kann daraus auf einmal ein sehr tiefes Gespräch entstehen, indem ich vier- oder fünfmal mit »Warum?« nachfrage.

Ich frage beispielsweise: »Warum möchtest du viel Geld haben? Was möchtest du mit diesem Geld gerne machen? Was löst viel Geld haben in dir aus?« Dann kommt vielleicht die Antwort: »Dann hätte ich keine Geldsorgen mehr.« Dann frage ich: »Warum möchtest du keine Geldsorgen haben?« Antwort: »Damit ich mir mehr leisten kann.« Meine Frage: »Warum möchtest du dir mehr leisten können?« »Ich möchte mir mehr für meine Familie und meine Kinder leisten können.« »Warum möchtest du das?« »Weil mir Sicherheit für meine Familie wichtig ist.« Mit vier oder fünf »Warum«-Fragen bin ich auf das eigentliche Thema gekommen, obwohl ich am Anfang dachte, er sei ein geldgeiler Typ, der nur Geld im Kopf hat. Der eigentliche Punkt ist Sicherheit für die Familie. Wenn jemand als Antwort finanzielle Unabhängigkeit oder Geld nennt, sind die Motive entweder Sicherheit, Wertschätzung oder Anerkennung, Perspektive, Freiheit oder Gutes tun. Das ist einfach mega, wenn ich mit diesen »Warum«-Fragen dorthin komme.

Doch hierzu haben wir häufig nicht den Mut, weil unsere Interpretation ist: Wenn ich jemanden nach dem Warum frage, bin ich aufdringlich oder gar übergriffig. Das ist okay, wenn ich diese Interpretation habe. Vielleicht hatten manche Menschen dieses Gefühl auch bei mir. Ich frage nach, weil es mich interessiert, weil ich es wissen will und weil ich keine oberflächlichen, sondern tiefgründige Gespräche führen möchte. Ich bin überzeugt davon, dass ich das vielen Menschen glaubhaft machen kann und auch sagen kann: »Wenn du das Gefühl hast, ich bohre zu tief, sage es mir bitte. Gib mir einen Hinweis. Ich interessiere mich einfach für dich.« So kann ich dieser Angst sehr gut entgegenwirken. Mir fallen jede Menge Situationen ein, bei denen ich nicht oft genug »Warum?« gefragt habe. Wenn ich es nur noch zwei- oder dreimal getan hätte, wäre wahrscheinlich die Lösung des Problems offenkundig gewesen. Deshalb werde ich künftig wieder häufiger nach dem Warum fragen, denn wer ein Problem vollumfänglich beschreiben kann, hat die Lösung.

Häufig wird bei Vertriebsausbildungen oder -schulungen erklärt, was zu tun ist, um jemanden als Partner oder auch als Kunde zu gewinnen. Es wird auf Standards verwiesen wie Vokabelkarten oder Gesprächsleitfäden oder auf Gestik und Mimik. Meine freche oder kühne Behauptung lautet: Es ist egal, was oder wie du etwas sagst. Wenn das Warum nicht dazu passt, bringt es nichts. Und wenn das Warum passt, kannst du rhetorisch total schlecht sein, und es kann dennoch funktionieren.

Ich hatte zum Beispiel Vertriebspartner, die das Was, also den Standardtext, genauso gemacht haben wie ich. Häufig hat es an dem Wie gescheitert. Wir haben danach mehr trainiert, denn häufig wird zu wenig trainiert. Es ist wichtig, auch das Was und das Wie gut zu beherrschen. Wenn du dich einmal zwanzig Stunden anhörst, dich am besten noch mit der Kamera aufnimmst, bist du selbst dein bester Coach. Viele Menschen haben eine Abneigung dagegen, sich selbst zu hören, d. h. sie sind am kritischsten gegenüber sich selbst, d. h. wenn du dich angenehm hören und sagen kannst: »So, wie ich spreche und referiere, ist es gut«, kann das dir kein Verkaufstraining bieten.

Doch auch wenn ich einen tollen Standard habe, den ich selbstbewusst rüberbringe, aber mein Warum passt null dazu, wird es wahrscheinlich zu keinem Abschluss kommen. Wenn ich dagegen offen über meine Ängste und mein Warum spreche und damit eine Verbindung zu meinem Gegenüber herstelle, ist es nicht ausschlaggebend, ob ich eine tolle Präsentation oder tolle Vokabelkarten habe.

Meine erste Frage im Termin ist daher immer: »Warum bist du heute gekommen? Was ist dein Ziel?« Wenn derjenige kein Ziel hat, gebe ich ihm Ideen. Mich selbst nervt es immer in einem Verkaufsgespräch, wenn ich erst nach einer halben oder dreiviertel Stunde weiß, was es mir nützt. Ich will direkt am Anfang wissen, worin der Nutzen für mich besteht.

Auch die Frage: »Warum nicht?« ist interessant zu stellen. Wenn jemand zum Beispiel sagt: »Das kann ich nicht, das schaffe ich nicht« und du fragst ihn: »Warum nicht?«, kann auch ein tieferes Gespräch entstehen, quasi die positive Kraft des negativen Denkens. Hier fällt mir ein Zitat von George Bernard Shaw ein: »Ihr aber seht und sagt: Warum? Aber ich träume und sage: Warum nicht?«

X-mal wiederholen und X, das Unbekannte

Ich finde es schade, dass viele Menschen Dinge, die wichtig für sie sind, nicht immer wieder wiederholen, sei es beim Training, bei der Arbeit, im Vertrieb den Gesprächsleitfaden x-mal zu trainieren, bis sie ihn können. Die Menschen, die etwas richtig gut können, haben meist irgendetwas x-mal wiederholt. Oftmals sind die Besten nicht die Talentiertesten, sondern die, die etwas x-mal gemacht haben. Es ist so schade, dass in Vertriebsunternehmen oft nur einer von 20 erfolgreich wird, weil es häufig nur einen gibt, der den Fleiß und die Bereitschaft dazu hat, etwas x-mal zu trainieren. Es ist besser, einen Standard hundertmal zu trainieren als hundert Standards jeweils einmal. Viele geben zu schnell auf und haben nicht das nötige Durchhaltevermögen. So hat schon Henry Ford gesagt: »Es gibt mehr Leute, die kapitulieren, als solche, die scheitern.«

Es gibt Menschen, die ein Ziel haben und wissen, wo sie hinwollen, sie wissen, wie sie ihre Ängste überwinden und haben eine Strategie, wie sie ihr Ziel erreichen können. Ein Grund, warum diese Art von Menschen dennoch scheitert, ist das Thema Gewohnheit. Sie sind etwas anderes gewohnt. Ich denke, wenn du in eine andere Richtung gehen willst, musst du deine Gewohnheiten verändern.

Es hilft dir auch, wenn dich jemand begleitet, der dir x-mal das Gleiche sagt, um eine Gewohnheitsveränderung bei dir zu erreichen. Ich glaube, dass bei einer Verhaltensveränderung eine längerfristige Betreuung wichtig ist durch einen Coach oder Mentor, denn es ist nicht mit einmal getan, sondern die Begleitung macht es dir leichter, dich daran zu erinnern und dein Verhalten zu verändern. Ich selbst habe mittlerweile seit über neun Jahren einen externen Coach, der nichts mit unserem Unternehmen zu tun hat, und seit über sechzehn Jahren einen Mentor, der mich bei meiner Tätigkeit im Vertrieb begleitet. Das hilft mir enorm, denn er hilft mir dabei, Dinge durchzuspielen und mich zu reflektieren als eine Person, die neben mir steht und mich begleitet.

Nachdem ich eine Gewohnheitsveränderung über mehrere Jahre hinbekommen hatte, entschloss ich mich dazu, einmal ein Jahr lang keinen Coach zu nutzen. Mein Coach stellte mir Fragen, und schließlich kam ich auf die Lösung. Ich wollte es jetzt ganz bewusst eine Zeitlang testen, ob ich es selbst schaffe, mir diese Fragen zu stellen, um mir selbst dabei zu helfen, wieder auf den für mich passenden Weg zu kommen. Ein Coach sagt mir nicht, wie es geht, sondern er stellt mir Fragen, wo ich gerade stehe, wo ich gerade hinwill, was sich verändert hat, wie ich mich gerade fühle. Mit seinen Fragen hilft er mir dabei, meine Ziele, die ich mir gesetzt habe, also Gewohnheitsveränderungen, die ich durchführen möchte, auch durchzuhalten und zu reflektieren. Wenn mich mein Mentor nicht begleitet hätte, hätte ich meine Verhaltensänderung, bzw. Gewohnheitsveränderung, nicht hinbekommen, wenn ich nur drei- oder viermal auf ein Wochenendseminar gegangen wäre. Das ist ein Prozess über Jahre.

X steht auch für das Unbekannte. Alles ist am Anfang unbekannt, wir erleben alles irgendwann zum ersten Mal. Und das Unbekannte ist schön. Dort, wo wir noch nicht waren, ist es aufregend und neu. Ich gehe noch weiter und sage: Dort, wo wir noch nicht waren, ist Leben. Das heißt nicht, dass dort, wo wir schon waren, kein Leben ist, doch im geschäftlichen Kontext oder in der Persönlichkeitsentwicklung ist überall, wo ich schon war, Routine. Ich rede nicht davon, dass ich gerne das Gleiche auch x-mal mit meinen Kindern mache, was immer wieder schön ist. Darum geht es nicht, sondern darum, neue Dinge zu erleben, um geschäftlich, persönlich und privat zu reifen.

Es macht Sinn, sich immer wieder in etwas Neues, Unbekanntes zu stürzen, die Welt zu entdecken, Menschen zu helfen in verschiedenen Projekten und neue Dinge zu erleben in der Persönlichkeitsentwicklung. Ich hätte mir z. B. bis jetzt nicht vorstellen können, ein

Buch zu schreiben. Doch nun bin ich froh, dass ich es geschrieben habe. Gerade diese neuen Erfahrungen sind faszinierend. Genau diese Momente sind aufregend. Natürlich brauche ich auch meine Routinen und meine Sicherheit, doch ich brauche auch Abwechslung – eine gesunde Mischung aus beidem. Ganz oft haben wir Angst vor diesem Unbekannten, doch das Unbekannte kann unfassbar schön sein.

Als ich mich selbstständig machte, war es für mich auch vollkommen unbekannt. Ich hätte mich auch nicht getraut, wenn mich mein Mentor damals nicht begleitet hätte. Er zeigte mir den Weg, wie ich mich gemeinsam mit ihm selbstständig machen kann. Ohne ihn hätte ich nicht den Mut gehabt zu starten und auch durchzuhalten. Hier musste mir jemand einfach den Weg weisen in das Unbekannte. Als ich Vater wurde, war das auch etwas Unbekanntes für mich, doch es ist das Schönste, was mir in meinem Leben passiert ist.

Indem du viele Dinge ausprobierst, kannst du auch Vorurteile abbauen. Ich hatte z. B. Vorurteile gegenüber Akupunktur. Ich hatte auch Vorurteile gegenüber Coaching, doch mein Coach unterstützte mich dabei, dass ich meine Kopfschmerzen loswurde. Ohne meinen Coach hätte ich mich wahrscheinlich weiterhin so unter Druck gesetzt und kein glückliches und erfülltes Leben geführt, wenn ich niemanden gehabt hätte, der mich auf dem Weg begleitet hätte, der mir Fragen gestellt hätte, an meiner Seite gewesen wäre, der mich kontrolliert, aufgebaut und mich objektiv reflektiert hätte.

Y-Achse

In der Mathematik steht die Y-Achse für Ergebnisse. Das bedeutet, wenn ich X hineingebe, kommt Y heraus, also Ergebnisse. Wer viel hineinsteckt, erhält viel Output. Wenn ich etwas für andere tue, kommt unglaublich viel für mich zurück. Wer anderen hilft, hilft am meisten sich selbst. Du lernst am meisten, wenn du anderen etwas beibringst.

Im Vertrieb gibt es natürlich auch den Fall, dass die Leute viel in Form von Potenzial hineinstecken, und am Ende kommt trotzdem wenig dabei heraus. Dann sollte ich meinen Prozess überdenken und prüfen, wie ich was gemacht und gesagt habe. Vielleicht hat es auch nichts mit dem Prozess zu tun, sondern mit mir. Mir hat es am Anfang extrem geholfen, auf die Leute, die ich damals nicht gewonnen habe, zuzugehen und zu fragen: »Was habe ich als Person falsch gemacht?« Dabei habe ich viel über mich selbst gelernt.

Wenn dein Gegenüber merkt, dass du dich für ihn einsetzt, hat er auch eine echte intrinsische Motivation, dir etwas zurückzugeben. Es gibt Menschen, bei denen ist das nicht so. Es gibt immer wieder Situationen, bei denen du ausgenutzt wirst. Wenn ich nie Gefahr laufe, von jemandem ausgenutzt zu werden, kann ich auch nie ein tiefergehendes Vertrauen aufbauen, bei dem ich etwas zurückbekomme. Meine Handlung wird nicht dadurch schlechter, dass mich jemand ausnutzt, sondern ich habe im Guten, im Positiven gehandelt.

Jeder kennt das sicherlich: Wenn du morgens mit Kopfschmerzen aufstehst, wird der Tag häufig schlechter, als wenn du gesund und munter aufstehst. Hier kommt wieder das Gesetz der Anziehung zum Tragen. »The Secret« geht sogar so weit zu sagen, dass wenn ich positiv aufstehe und denke: »Ich bin toll«, bekomme ich weniger Rechnungen in den Briefkasten. Das ist für mich eine Spur zu weit gegriffen. Das passt für mich nicht. Doch wenn ich permanent jeden Morgen schlecht gelaunt aufstehe, darf ich mir auch die Frage stellen, warum das so ist. Wenn ich allerdings an einem Tag schlecht gelaunt bin und ein wichtiges Meeting habe, kann es Sinn machen, sich entweder komplett zurückzunehmen und nur zuzuhören oder den Termin auf einen anderen Tag zu verschieben. Wenn das allerdings ständig passiert, sollte ich auf Ursachenforschung gehen und schauen, woran es konkret liegt und was es mit mir zu tun hat. Doch wenn es einmal vorkommt, ist es vollkommen legitim.

Viele Verkäufer versuchen, wenn sie krank sind, gute Miene zum bösen Spiel zu machen. Dann denkt der Kunde womöglich: »Was ist mit meinem Berater los? Warum ist er so eigenartig? Hat er etwas zu verbergen? Hat das etwas mit mir zu tun? Mag er mich nicht?« All diese Gedanken können ihm in den Kopf kommen. Das muss nicht der Fall sein. Der Termin kann auch gut laufen. Wenn ich mich einmal nicht gut fühle, kommuniziere ich das jedoch offen. So kommen diese negativen Gedanken beim anderen nicht auf, sondern er weiß, dass es seinem Berater heute einfach nicht gutgeht, er krank ist oder nicht gut geschlafen hat. Sollte das häufiger vorkommen, sollte ich mir Gedanken machen und auf Ursachenforschung gehen, aber lieber kommuniziere ich es offen, denn durch diese offene Kommunikation gebe ich etwas von mir preis, was wiederum Vertrauen schafft. Ich habe den Vorteil, dass ich dadurch mehr Verbindung erreichen kann, dass er nicht denkt, dass es etwas mit ihm zu tun hat. Außerdem kann ich dann viel entspannter in das Gespräch gehen, weil ich nicht die ganze Zeit gute Miene zum bösen Spiel machen muss oder verkrampft schauen muss, dass es mir gutgeht.

Der amerikanische Basketballspieler Kobe Bryant hat Folgendes gesagt: »Hard work outweighs talent every time«, also: »Harte Arbeit übertrifft jedes Mal das Talent.« Wir sprechen ganz häufig darüber, wie talentiert jemand im Sport oder bei der Arbeit ist. Doch ich denke, derjenige hat einfach mehr reingesteckt als jemand anders. Er hat mehr geübt, mehr getan. Viele sehen oft nur das Ergebnis und nicht den Weg dorthin. Viele Dinge haben etwas mit Arbeit zu tun.

Ich glaube, dass es in Beziehungen auch viel Sinn macht, viel Liebe reinzustecken, um ein glücklicheres Leben zu führen. Meine Mutter und ich wurden schon einmal dafür belächelt, dass wir unter jede unserer Nachrichten schreiben, dass wir uns lieb haben. Aber ich weiß zu 100 Prozent, dass es meine Mutter bei jeder einzelnen Nachricht so meint. Wenn man so viel Verlust erlebt hat wie wir, macht es Sinn, uns gegenseitig immer wieder bewusst unsere Liebe zueinander zu zeigen. Ich bin stolz darauf, dass ich es durch meine Mutter schaffe, meinen Kindern meine Liebe zu zeigen. Ich sage meinen Kindern sehr oft, dass ich sie liebe. Und nicht nur: »Ich habe dich lieb«, sondern: »Ich liebe dich.« Am Anfang hatte ich damit Probleme, denn ich dachte, man sagt »Ich liebe dich« nur zu seiner Lebenspartnerin. »Ich liebe dich« zu meiner Mutter zu sagen, fühlte sich eigenartig an. Doch dann dachte ich: »Wer hat denn gesagt, dass man das nur zu einer Partnerin sagt?« Auch wenn ich es zu meinen Kindern sagte, hatte ich ein ganz komisches Gefühl dabei. Allein die Frage »Wer hat denn das gesagt?« half mir. Ich sage inzwischen ganz häufig sehr bewusst und intensiv zu meiner Mutter und zu meinen Kindern: »Ich liebe dich« und schaue ihnen dabei intensiv in die Augen.

Einmal stellte ich ihnen die Frage: »Wisst ihr eigentlich, dass ich euch liebe?« Dann antworten sie: »Ja, Papa, du sagst es uns jeden Tag ganz oft.« Es gibt sicherlich auch viele Menschen, die meinen, wenn man es so häufig sagt, sei es weniger wert. Das ist vollkommen okay, wenn sie diese Auffassung vertreten. Es ist aber auch vollkommen okay, dass ich es anders sehe. Ich kann nur für mich sprechen, dass meine Sichtweise mich deutlich reicher macht, denn Liebe ist für mich etwas Unendliches. Wenn ich morgen nicht mehr da oder krank wäre, dann wäre ich natürlich sehr traurig. Ich will noch so viele tolle Sachen erleben. Aber ich bereue nichts. Ich bin ein emotionaler Mensch. Ich zeige gerne meine Emotionen. Für mich ist genau das Leben. Ich habe bestimmt nicht alles richtig gemacht bei meinen Kids, doch wenn ich merken würde, morgen ist es zu Ende, kann ich sagen, dass ich bei den Menschen, die mir wichtig sind, bei meinen

Kids, bei meiner Mum, bei meiner Partnerin, bei meinen Freunden und bei vielen anderen, nichts offen habe, sondern ihnen alles gesagt habe, was ich emotional fühle. Das macht mich auch, vor allem auf meine Kinder bezogen, extrem glücklich, weil ich ihnen keine Liebe oder etwas anderes vorenthalten habe.

Ich weiß auch, dass manche Menschen ihre Liebe anders leben. Ich denke, dass meine Kinder meine Liebe am einfachsten verstehen, indem ich mit ihnen kuschele, sie aufmerksam anschaue und ihnen sage, dass ich sie liebe. Meine Kinder verstehen Liebe am einfachsten in Form von Worten und Taten. Ich glaube, es ist leichter für sie verständlich, wenn ich meine Liebe in Offenheit lebe anstatt in Verschlossenheit. Taten sind natürlich wichtiger als Worte.

Als ich bei einer Coaching-Veranstaltung in einer großen Halle in Köln war, erzählte jemand vor über 10.000 Menschen, dass er sich von seinem kompletten Umfeld distanziert hat, woraufhin viele Menschen im Publikum applaudierten. Das fällt mir schwer zu glauben, dass das komplette Umfeld schlecht war. Ich will nicht sagen, dass es das nicht gibt. Ich sehe nur die Wahrscheinlichkeit als relativ gering an.

Bevor du dich von Menschen aus deinem Umfeld trennst, gehe mit ihnen ins Gespräch, denn oftmals hat es nicht nur etwas mit den anderen zu tun, sondern auch viel mit dir. Ich bin der Meinung, dass wir manchmal viel zu lange falsche Beziehungen aufrechterhalten oder richtige Beziehungen zu schnell verlassen. Besser ist es, wenn wir uns mit den Betroffenen darüber unterhalten und nicht nur über Fußball oder feiern oder andere Dinge. Das mache ich auch sehr gern, doch vielleicht sollten wir häufiger über die Dinge reden, um die es wirklich geht und mit demjenigen, den es betrifft und nicht mit irgendjemand anders.

Vielleicht bin ich durch irgendeinen Impuls, beispielsweise durch ein Buch oder einen Podcast in einem Thema ein Stück weiter als mein Umfeld. Das heißt dann nicht, dass mein Umfeld doof ist und es bedeutet auch nicht, dass ich das falsche Umfeld habe. Dann darf ich die Leute einfach auf die Reise mitnehmen und viele Fragen stellen. Wenn ich jetzt beispielsweise mit jemandem über das Thema Tod sprechen möchte, weil ich das Bedürfnis danach habe und ich merke, dass alle sechs Menschen in meinem Umfeld sagen: »Nein, habe ich keine Lust, darüber zu sprechen. Bist du bescheuert? Wir sind doch noch jung«, kann ich fragen: »Warum nicht? Verstehst du, warum ich mit dir darüber sprechen möchte? Weißt du, was mein Bedürfnis ist? Ich habe das gerade mit dir geteilt. Das hat mich viel Überwindung gekostet. Weißt du, warum diese Gedanken bei mir aufgekommen sind? Ich wollte das einfach mit dir teilen. Warum tust du das so ab? Machst du das vielleicht selbst aus Angst heraus? Dass du nicht darüber sprechen möchtest? Einfach nur Augen zu und durch? Hast du vielleicht selbst Angst, darüber zu reden? Selbst wenn es für dich gerade kein Thema ist. Es ist ein Bedürfnis von mir, dass du mir gerade zuhörst. Kannst du mir den Wunsch erfüllen?« Und es ist übrigens auch total okay, wenn er sagt: »Nein.«

Wenn er das bei 99 von 100 wichtigen Gesprächen macht, darf ich natürlich die Frage stellen, ob es passt zwischen uns. Doch wir sind oftmals so schnell darin, entweder ein Gespräch nicht mehr zu führen oder uns zu distanzieren und nur an der Oberfläche die Beziehung zu führen, weil wir diese Gespräche, den Streit oder das Konfrontationsgespräch scheuen. Das ist total überraschend, welche Verbindung man dort mit Menschen hinbekommt, wenn man keine Angst davor hat. Das heißt nicht, dass ich jeden Tag nur tiefgründige Gespräche führe. Ich bin mir sicher, dass ich mittlerweile am Tag mehr tiefgründige Gespräche führe als früher im Monat oder vielleicht sogar im Quartal. Aber das heißt auch, dass ich belanglose Gespräche total liebe.

Ziele

Um sich Ziele setzen zu können, musst du dich mit diesen intensiv auseinandersetzen und es ist empfehlenswert, ein Wunsch- oder Zielebuch zu führen, denn Schriftlichkeit schafft bekanntlich Verbindlichkeit und dadurch Wirklichkeit. Wenn du Mentor sein möchtest, solltest du auch ein klares Ziel vor Augen haben, denn Menschen folgen nur Menschen mit einer klaren Vision, mit konkreten Zielen und einem Plan, um diese Ziele zu erreichen.

Wenn du als Vertriebspartner ein Zielegespräch mit einem Partner aus deinem Team führst, ist es hilfreich, für das erste Gespräch entsprechende Fragen aus einem Fragenpool zu nutzen (s. auch unter Fragen). In einem weiteren Zielegespräch erfasst du jeweils die Top 10 Ziele zu persönlicher Entwicklung, die Top 10 privaten Ziele und die Top 10 Eigenschaften, die sein Traumberuf haben sollte. Bei den Top 10 dürfen es jeweils gerne mehr sein. Ich möchte einfach, dass du dir erlaubst, frei zu träumen. Dann definierst du bitte von den Top 10 die Top 3, um erstmal einen klaren Fokus zu haben.

Für die persönliche Weiterentwicklung kannst du Punkte aus der AEC-Analyse wählen, an denen du arbeiten möchtest, z. B. ich will strukturierter arbeiten, ich will durchsetzungsstärker werden, ich will empathischer auf die Leute eingehen können, ich will meine Begeisterung etwas runterschrauben und weniger überschwänglich wirken. Das alles sind Dinge in der Persönlichkeitsentwicklung, die du dir auf Basis der AEC-Analyse vornehmen kannst. Das sind Punkte, die dir generell in deinem Leben etwas bringen.

Beim Zielegespräch ist es auch wichtig, mit dem Gesprächspartner seine privaten Ziele zu besprechen, also zu schauen, was kosten ihn seine Ziele real, wenn er sich beispielsweise ein Eigenheim von 600.000 oder 800.000 Euro leisten will. Wie hoch sind die monatlichen Kosten?

Private Ziele in reale Kosten überführen

Bei der Ausarbeitung der Ziele ist es zu empfehlen, die privaten Ziele in reale Kosten zu überführen, sich also zu fragen, was kosten mich meine Ziele. Welches ist der worst, realistic und best case? Bei den realen Kosten ist es wichtig, auch die Kosten für die Kinder zu berücksichtigen, die nicht unerheblich sind. Wenn ich das für mich selbst mache, stelle ich immer wieder fest, dass ich nicht angestellt sein wollte, denn bei meinen finanziellen Zielen fällt mir kein Arbeitgeber ein, der mir das bezahlen würde.

> Damit du deine eigenen realen Kosten ganz bequem für dich berechnen kannst, habe ich eine Vorlage in Form einer Ecxel-Tabelle erstellt.
> Wenn du sie haben möchtest, schreib mir einfach eine Mail an:
> *marc.schaeffner@koenigswege.com*

An dieser Stelle möchte ich keine Wertung abgeben in Bezug auf Angestelltentum und Selbstständigkeit. Ich kann nur sagen, dass für mich die Selbstständigkeit passender ist. Ich denke allerdings, dass für viele Menschen das Angestelltentum passender ist, um ihre Ziele auf ihrem Lebensweg zu erreichen. Ich glaube auch, dass sich manche Menschen zu lange in der Selbstständigkeit ausprobieren, obwohl das Angestelltentum für sie die bessere Variante wäre.

Die wenigsten Menschen machen sich darüber Gedanken, was ihre Ziele kosten und wie wichtig sie ihnen sind. Dazu gibt es eine super Übung: Schreibe dir deine Ziele auf und berechne, was diese Ziele kosten. Wenn du dann feststellst, dass dein Einkommen nicht ausreicht, um dir alle Ziele leisten zu können, dann streiche die Dinge durch, die dir am wenigsten wichtig sind. Als ich selbst diese Übung machte, dachte ich: »Ich will eigentlich keine meiner Ziele durchstreichen, sondern will lieber schauen, wie ich ein Einkommen erzielen kann, mit dem ich mein Traumleben erreichen kann.« Du musst das keineswegs so umsetzen, doch ich glaube, wenn jemand kein Ziel hat, für das er etwas Außergewöhnliches leisten muss, fällt es mir enorm schwer, ihn zu führen, denn ich kann ihn nur über seine Ziele führen. Ansonsten würde ich ihn über meine eigenen Ziele führen, und das erscheint mir fremdbestimmt. Ich möchte ja selbstbestimmte Partner nachziehen.

Eine weitere wichtige Frage ist die nach dem Traumberuf. Wie soll er aussehen? Möchte ich mit Freunden zusammenarbeiten können? Möchte ich nach Leistung bezahlt werden? Möchte ich meinen Arbeitsalltag frei gestalten können? Möchte ich meine Beförderung selbst in der Hand haben?

Ich habe meinen Traumberuf gefunden, denn ich kann meiner Familie und mir finanziell das leisten, was ich mir leisten möchte. Außerdem habe ich mein Unternehmen mit Freunden aufgebaut, und ich biete eine Dienstleistung an, die ich jedem Menschen in meinem Umfeld von Herzen gerne zugänglich machen möchte. Ich möchte, dass die Menschen in meinem Umfeld vernünftig beraten sind.

Deshalb ging ich der Schwester meiner Partnerin regelmäßig schon fast auf die Nerven, doch nicht, damit sie einfach bei uns Kundin wird, sondern weil es mir wirklich wichtig ist, dass sie vernünftig abgesichert ist. Ich hatte schon Angst, dadurch die Beziehungsebene zu ihr zu verletzen, doch dadurch, dass ich meine Angst äußerte, konnte ich meine Angst überwinden und machte es auch ihr leichter, zu verstehen, dass es mir wirklich um sie geht und nicht einfach nur um einen Produktabschluss. Wenn ich diese Angst nicht geäußert hätte, hätte ich sie nicht einladen können zu sagen: »Marc, ich weiß, dass du es gut mit mir meinst. Danke.« Denn: Angst ist nur eine Annahme, negative Gedanken seien Tatsachen. Es sind nur Annahmen. Ich kann die Annahmen nur lösen in der Kommunikation mit Menschen. Der einfachste Weg aus einer Angst heraus, ist, durch sie hindurchzugehen.

Beim Zielegespräch stellst du deinem Partner auch die Frage: Was ist die Alternative zu dem, was du ihm vorschlägst, zu deiner Vertriebstätigkeit oder zu deinem Produkt? Du kannst mit ihm schauen, in welchem Beruf sind die Eigenschaften, die er sich für einen Traumberuf gewünscht hat, am besten erfüllt. Ich sage immer, wenn mir jemand eine Alternative zu Königswege zeigt, bei der ich mehr finanzielle Sicherheit und Freiheit für meine Familie und mich erreiche, mein Unternehmen weiterhin mit Freunden aufbauen kann und mehr Gutes tun kann, bin ich sein erster Vertriebspartner.

Ängste schriftlich festhalten

Ein weiterer wesentlicher Punkt ist, deine größten Ängste aufzuschreiben, denn deine Ängste können nur dann gefährlich werden, wenn sie unbewusst sind. Wenn du deine Ängste schriftlich festhältst und sie dir ins Bewusstsein rufst, kannst du sie viel einfacher lösen. Indem du deine Ängste offen ansprichst, kannst du am besten mit ihnen umgehen und auch andere Menschen öffnen, über ihre Ängste zu sprechen. Wenn ihr das als Team so umsetzt, könnt ihr euch gegenseitig natürlich viel einfacher dabei helfen, eure Ängste zu lösen. Was auch helfen kann, ist, seine Ängste in Ziele zu formulieren. Wenn ich z. B. Angst habe, als Verkäufer im negativen Sinne zu wirken, kann ich diese Angst umformulieren in das Ziel von meinen Kunden als Dienstleister wahrgenommen zu werden, der Mehrwert schafft. Ein weiteres Beispiel: Wenn ich die Angst habe, Freunde zu verlieren, kann ich diese Angst umformulieren in das Ziel, mir ist es wichtig, Freundschaften zu erhalten und zu vertiefen.

Ich empfehle außerdem, das übergeordnete Lebensziel aufzuschreiben, das alle anderen Ziele mit Abstand übertrifft. Ich stellte fest, dass viele – so wie ich – lieber für ihre Kinder über sich hinauswachsen als für sich selbst. Meiner Meinung nach machen nicht nur Eltern ihre Kinder stark, sondern auch Kinder machen ihre Eltern stark, weil wir für unsere Kinder viel mehr bereit sind, über die rote Linie zu gehen und uns zu überwinden, anstatt es für uns selbst zu tun. Wir versuchen, die beste Version von uns selbst zu sein. Wenn Angst mich bremst und nicht beflügelt und ich darüber nachdenke, etwas nicht zu tun, frage ich mich immer: Wie würdest du es deinem Kind erklären, wenn du aus Angst heraus nicht handelst? Angst ist doch genau dort, wo die Magie passiert. Bei allem, bei dem wir uns überwinden mussten, haben wir normalerweise die größten Früchte davongetragen.

Jungen Menschen fällt es oftmals schwer, ihr Lebensziel zu finden. Die Eltern finanziell nicht mehr zu belasten, kann z. B. eine große Motivation für junge Menschen sein. Eine tolle Frage für das Zielegespräch ist: Würdest du dir wünschen, dass dein Kind weiß, was es im Leben möchte? Würdest du dir, wenn du frei entscheiden könntest, für dein Kind ein Lebensziel wünschen? Die Antwort lautet meist: »Ja«. Doch du selbst hast womöglich kein Lebensziel? Wo ist da die Logik? Wie willst du deinem Kind beibringen, ein Lebensziel zu haben, wenn du selbst keines hast oder hattest?

Ebenfalls wichtig ist es, die Partner mit starken Zielen zu identifizieren und sich mehr auf sie zu fokussieren. Investiere also 80 Prozent deiner Zeit in die 20 Prozent der Partner, die am meisten Engagement zeigen, bzw. am meisten Fleiß haben und nicht in die, die am meisten können.

Je früher meine Vertriebspartner anfangen, desto früher können sie die Früchte ernten und desto früher können sie von dem Zinseszinseffekt profitieren, d. h. wenn ich schon früher anfange, auch wenn ich nur wenig Zeit investieren kann, hilft mir das enorm. Das erkläre ich meinen Vertriebspartnern. Es ist vergleichbar mit einem Sparvertrag: Wenn ich über 45 Jahre 100 Euro spare bei einer angenommenen Wertentwicklung von acht Prozent, müsste ich, wenn ich statt 45 Jahre nur 40 Jahre investiere, bereits 150 Euro investieren. Genauso ist es bei der Karriere. Man muss nur Geld durch Arbeitseinsatz austauschen, so dass weniger Arbeitszeiteinsatz früher deutlich mehr bringt.

Wie bereits zuvor erwähnt, frage ich meine Führungskräfte, wenn sie in ihrem Vertriebsteam jemanden haben, der nicht viel macht oder sich nicht engagieren will, ob sie das größte Lebensziel dieses Vertriebspartners kennen. Meist lautet die Antwort: »Nein«. Dann gebe ich ihm den Tipp, doch erstmal sein größtes Lebensziel herauszufinden, bevor man etwas anderes mit ihm ausarbeitet. Wenn er sein Ziel weiß und trotzdem nicht handelt, liegt es in der Regel daran, dass er vor irgendetwas Angst hat. Wenn jemand ein Ziel vor Augen hat und weiß, wie er mit seinen Ängsten umgeht, braucht er nur noch eine Strategie, wie er das Ziel erreichen kann.

Mache einen Plan, der zu einem klaren Ja oder Nein führt. Ich lasse meinen Partnern und mir sehr viel Zeit beim Thema Zielfindung und beim Thema Ängste, doch ich gehe immer wieder auf beides ein. Mir sind zwei Extreme aufgefallen: Entweder Mentoren sprechen Ängste und Ziele ihrer Partner gar nicht an oder sie machen es mit sehr viel Druck. Doch bei Emotionen hilft Druck nicht. Ich denke, es macht Sinn, hier den goldenen Mittelweg zu finden. Auch Gewaltfreie Kommunikation kann dabei enorm viel helfen. Ich lasse mir bei dem Prozess Ziele und Ängste extrem viel Zeit, doch ich gehe immer wieder darauf ein und spreche es immer wieder an. Mir ist es wichtig, dem Vertriebspartner zu helfen, ihn bei seinen Ängsten zu begleiten. Wenn ich alles besprochen habe zum Thema Ziele und Ängste, also wie derjenige seine Ängste lösen kann, muss er irgendwann selbstständig, bzw. eigenständig durch seine Ängste hindurchgehen, damit er die Angst lösen kann. Das kann ich nicht für ihn übernehmen.

Beim Vertrieb ist wichtig, dass du eine Akquisestrategie hast, bei der du offen über Ängste sprechen kannst, mit der du dich zu 1000 Prozent wohlfühlst, mit der du jeden Menschen seriös auf Termin legen kannst. Hier empfehle ich die Feedbackstrategie (s. auch unter Feedback). Mit ihr haben meine Vertriebspartner und ich selbst sehr gute Erfahrungen gesammelt. Eine zweite gute Akquisestrategie ist, dass wenn ich Vertriebspartner bin, aber hauptberuflich einen anderen Job ausübe, ich auch als Empfehlungsgeber auftreten kann. Wenn ich z. B. sage: »Mein Berater hat mir dabei geholfen, jedes Jahr 500 Euro von meiner Krankenkasse auf mein Konto überweisen zu lassen. Das fand ich so cool, dass ich ihn dir gern weiterempfehlen möchte, um ihn und auch dich zu unterstützen. Die einzige Bedingung, die mein Berater hat, ist, dass er dir eine Viertelstunde erklären darf, wie seine Dienstleistung funktioniert, damit er auch etwas von dem Gespräch hat. Du kannst dich danach frei entscheiden, ob du dich von ihm beraten lassen möchtest oder nicht.«

Des Weiteren ist wichtig, dass zwischen Mentor und Mentee eine Partnerschaft auf Augenhöhe herrscht und dass sie permanent offen über Ziele und Ängste sprechen. Um seine Ziele zu erreichen, ist es empfehlenswert, die Akquisestrategie mehrmals zu üben. Am besten ist es, sich selbst dabei mit Video aufzunehmen.

Der Mentor seinerseits kennt die Ziele, Ängste und die abgesprochenen Akquisen seines Mentees und erinnert ihn regelmäßig, gewaltfrei und empathisch ohne Vorwürfe an den vereinbarten Plan, den sie aufgestellt haben. Ein Mentor ist meiner Ansicht nach gut, wenn er nicht die Ausrede für das Fehlverhalten des Partners ist. Das ist allerdings immer wieder der Fall. Wenn ich meine Vertriebspartner frage, was der Hauptgrund ist, warum sie nicht vorankommen, ist meist die Antwort: »Mein Mentor ist schuld.« Das kann einerseits damit zu tun haben, dass man den Mentor als Ausrede benutzt, kann aber auch bedeuten, dass der Mentor zu wenig darauf eingeht, was der Vertriebspartner will, also welches sein Ziel ist, ihn bei seinen Ängsten zu wenig begleitet und zu wenig auf ihn eingeht, die passende Akquisestrategie zu finden, mit der er seriös Termine produzieren kann.

Wenn ein Mensch weiß, was er will und weiß, wie er mit seinen Ängsten umgeht, wenn er eine Strategie hat, mit der er weiß, wie es geht, dann kann ihn nur noch Gewohnheit von seinen Zielen abhalten. Um eine Gewohnheits- oder Verhaltensänderung zu erreichen, hilft es mir enorm, beispielsweise einen Mentor zu nutzen, der mich immer wieder darauf hinweist, denn es ist viel einfacher mit Unterstützung eine Gewohnheitsänderung hinzubekommen als ohne. Wenn ich es als Mentor schaffe, ein Umfeld für meinen Vertriebspartner zu schaffen, in dem er in der Verantwortung ist und nicht ich die Ausrede bin, kann ich ein Umfeld schaffen, bei dem mein Partner viel erreichen kann.

Ich stelle mir vor, wie es wäre, wenn ich in einem großen Konzern arbeiten würde und als angestellte Führungskraft offen über meine Ängste reden würde und auch noch meine Teammitglieder einladen würde, offen über ihre Ängste zu reden. Mir haben Angestellte berichtet, dass wenn sie zu viel über ihre Fehler sprechen oder auch ihre Teammitglieder einladen, auf die Fehler des Chefs zu verweisen, das nicht dienlich für ihre Beförderung sei. Wenn mich allerdings meine Leute in meinem Team nicht kritisieren würden, hätte ich gar nicht die Chance, mich zu verbessern.

Hierzu fällt mir das Buch »Principles« des US-amerikanischen Unternehmers Ray Dalio ein. Der Autor geht davon aus, dass Unternehmen, die offen über ihre Fehler sprechen und eine positive Haltung zum Thema Fehler haben, bessere Ergebnisse erzielen. Dazu ist es wichtig, dass diese Unternehmen ihre Fehler nicht verschweigen, denn das ist das Schlimmste, was sie machen können. Es ist nicht schlimm, mal einen Fehler zu machen, aber man muss dann offen über seine Fehler sprechen, damit man die Chance hat, eine Lösung zu finden. Man wird dort nicht bestraft, wenn man einen Fehler macht, aber es gibt klare Sanktionen, wenn Fehler nicht offen angesprochen werden. Das kann im Angestelltentum Sinn machen. Mit freien Handelsvertretern bin ich eher dafür, statt Sanktionen zu erteilen, darauf aufmerksam zu machen, welche Nachteile es für ihn und sein Team hat, wenn er nicht offen über Fehler kommuniziert und damit eine intrinsische Motivation zu schaffen statt eine extrinsische mit Sanktionen.

Beim Setzen von Zielen ist es wichtig, sich zu fragen: Habe ich das Gefühl oder Ziel, mit meiner Selbstständigkeit mein Leben verändern zu können? Für diese Frage kannst du dir gern Zeit lassen, um das herauszufinden. Du kannst es ein, zwei oder auch drei Jahre testen, gerne auch in einem nebenberuflichen Umfeld, damit es entspannter ist, doch du solltest dir die Frage immer wieder ehrlich stellen, um dir nach und nach Klarheit zu verschaffen. Nach einer Findungsphase muss das Ziel glasklar stehen, denn ohne ein Ziel kann ein Mentee sich selbst nicht führen und der Mentor ihn erst recht nicht.

Wenn dein Vertriebspartner seine größten Ängste aufgeschrieben hat und glaubt, bei der größten Angst angekommen zu sein, z. B. »Ich habe Angst, dass das, was ich beruflich mache, bei anderen falsch ankommt«, frage ihn: Warum? »Ich habe Angst, dass er denkt, dass ich nur ein Verkäufer bin.« Warum? »Meine Sichtweise auf Verkäufer ist negativ, weil sie sowieso nur anderen etwas aufschwätzen wollen.« Warum? Frag ihn mehrmals hintereinander: »Warum?«, dann kommt er auf seine Urangst. Meines Erachtens ist die Angst vor Ablehnung die häufigste Urangst, und alle anderen Ängste sind Symptome dieser Urangst, z. B. die Angst, als Verkäufer abgestempelt zu werden, Angst, Beziehungsebenen zu anderen Menschen zu verletzen, Angst, in einem Schneeballsystem zu arbeiten etc. Wäre das Thema Strukturvertrieb in der Gesellschaft angesehen, hätten wir diese ganzen Ängste nicht.

Des Weiteren ist es zentral zu wissen, welches die steuernden Motive im Leben meines Vertriebspartners sind. Ist es z. B. Sicherheit, Freiheit, Wertschätzung, Perspektive oder Gutes tun? Bei meinem Ranking steht Sicherheit an oberster Stelle, was sicherlich etwas mit meiner Vergangenheit und den vielen Schicksalsschlägen zu tun hat. Ich klammere mich an Sicherheit und bin sogar bereit, Freiheit für Sicherheit aufzugeben. Hier ist es wichtig, die Sprache des Gegenübers zu sprechen. Wenn für mich beispielsweise Sicherheit das wichtigste steuernde Motiv ist und ich Punkte aufzähle, die Sicherheit für die Zukunft bedeuten, dann spricht mich das an. Meinen Mentor würde das beispielsweise langweilen, denn bei ihm steht zum Beispiel Perspektive ganz oben auf der Liste der fünf steuernden Elemente, und Sicherheit langweilt ihn. Umgekehrt, wenn man mir ständig etwas zu Perspektive erzählt, ich aber nicht weiß, welchen Sicherheits- und Freiheitsaspekt das für meine Familie und mich bedeutet, spricht mich mein Gegenüber damit nicht an. Das heißt, es ist ziemlich gut zu wissen, welches die fünf wichtigsten steuernden Motive sind, bzw. wie das Ranking meines Vertriebspartners aussieht, damit ich genau zielorientiert kommunizieren und ihm helfen kann, in die Handlung zu kommen.

Wenn wir uns beispielsweise das Thema Auto anschauen, kann das Motiv Sicherheit sein, wenn man aus Sicherheitsgründen einen großen SUV fährt, damit die Familie geschützt ist. Es kann aber auch das Motiv Freiheit sein, wenn man zum Beispiel ein Cabriolet fahren will, genauso wie das Motiv Wertschätzung oder besser billige Anerkennung, wenn man einen aufgemotzten Sportwagen fährt, um zu sagen: »Ich will es allen gezeigt haben.«

Ein weiterer wesentlicher Punkt ist, es zu schaffen, seine Angst in Respekt umzuwandeln, denn ich möchte niemals den Respekt vor etwas verlieren. Meine Angst ist einfach nur der Anfang, um Respekt vor etwas zu bekommen. Ohne Angst kann ich keinen Mut mehr beweisen. Das eine funktioniert nicht ohne das andere.

Wenn du dich mit dem Thema Ziele auseinandersetzt, ist es äußerst wichtig, dass du das Ziel nicht nur des Zieles wegen erreichst, sondern dass dir auch der Weg zum Ziel Freude bereitet. Schon Buddha sagte: »There's no path to happiness. Happiness is the path.« Wenn dir der Weg zum Ziel keinen Spaß macht, sind deine Ziele nur die Kopfschmerztablette oder der nächste Schuss oder der nächste Alkoholtropfen. Als ich in die höchste Position bei uns befördert wurde, konnte ich mich nicht so richtig freuen, weil ich immer nur Zielen hinterherrannte und zu wenig Bewusstsein dafür hatte, dass der Weg das Ziel ist und ich dabei den Weg hätte mehr genießen können. Es war eigentlich schade, dass ich die höchste Position erreicht hatte, denn ich fragte mich: »Und was jetzt? Welches ist nun mein nächstes Ziel?« Es ist schön, dass ich inzwischen weiß, dass der Weg für mich das Ziel ist, dass ich weiß, dass es mir Spaß macht, mit meinen Freunden mein Unternehmen aufzubauen, dass es mir Spaß macht, meinen Kunden weiterhin etwas Gutes zu tun und ich damit noch mehr Freiheit und Sicherheit für meine Familie erreiche und darüber hinaus mir so viel Vermögen aufbauen kann, dass ich gesellschaftlich etwas Gutes tun und etwas bewirken kann. Das bereitet mir eine große Freude. Somit habe ich den Weg zum Ziel gemacht. Mir macht es einfach unglaublich viel Spaß, mit Menschen zusammenzuarbeiten. In vielen Meetings habe ich immer wieder das Gefühl, dass egal wie hoch mein Kontostand wäre, ich nichts lieber machen würde als gerade diesen Moment mit den besonderen Menschen in meinem Leben zu verbringen.

Ein Kollege aus einem anderen Vertrieb wurde gefragt: »Was machst du nun in der höchsten Position?« Er antwortete: »Wenn ich Fußballprofi wäre und du würdest mich fragen, was ich als nächstes Ziel vorhabe, würde ich sagen, Fußballprofi zu sein, denn der Zustand gerade ist richtig toll.«

Mein bester Freund fragte mich, warum ich nicht in Rente gehe. Ich dachte mir: »Ja, es wäre bestimmt cool, in Rente zu sein. Dann könnte ich den ganzen Tag das machen, was ich wollte.« Aber das tue ich ja schon. Klar, ich könnte noch mehr reisen und noch mehr Zeit mit meinen Kindern verbringen. Allerdings haben meine Kinder trotzdem Schule. Ich habe auch richtig Lust, meine Firma größer zu machen und an dem Projekt weiterzuarbeiten. Ich habe weiterhin Lust, meine Teammitglieder voranzubringen, die über die Jahre zu Freunden geworden sind. Mir macht meine Arbeit einfach so viel Spaß. Das ist ein Teilaspekt in meinem Leben, den ich nicht missen möchte.

Es ist ein Bestandteil meines Lebens, mein Unternehmen weiter auszubauen, der mir Freude bereitet. Ich verbringe gerne Zeit mit meinen Kindern und ich reise gerne. Gleichzeitig macht mir meine Arbeit viel Freude. Es ist ein Teil meines Lebens, den ich nicht missen möchte und ich habe nicht das Gefühl, dass ich in den anderen Lebensbereichen zu wenig Zeit verbringe. Wenn das irgendwann einmal der Fall sein würde, würde ich meine Arbeit weiter reduzieren oder unter Umständen tatsächlich in Rente gehen. Es würde mir fehlen, wenn ich nicht weiterhin mein Unternehmen aufbauen dürfte mit den Menschen, die ich mag, mit meinen Freunden. Es ist schön, wenn ich sage: »Ich fahr ins Büro«, und meine Kinder mich fragen: »Ah, gehst du wieder zu deinen Freunden, Papa?«

Welcher Lebensweg bereitet dir Freude?

Ich lebe mach dem Motto: Such dir einen Job, der dir Spaß macht und du musst nie wieder arbeiten. Das Ziel sollte also nie nur Mittel zum Zweck sein, nach dem Motto: Wenn ich dieses oder jenes erreicht habe, bin ich glücklich, denn das funktioniert nicht. Wenn du immer nur darauf achtest, dass du deine Ziele erreichst und dabei jedoch den Weg nicht genießt oder den nicht für dich passenden Weg wählst, was bringt es dir dann? Du solltest also immer schauen, dass der Weg zum Ziel dir richtig Freude bereitet, denn wenn dir der Weg zum Ziel Freude bereitet, führst du ein glückliches Leben.

Danksagung

Am Ende meines Buches möchte ich mich gerne bei einigen besonderen Menschen bedanken, ohne die dieses Buch nicht entstanden wäre. Ich selbst bin nun froh, dass ich es geschrieben habe.

Es ist schön, dass mein Buch mit A wie Angst beginnt und mit Z wie Ziel endet, denn für mich ist jede Angst ein negativ formuliertes Ziel und jedes Ziel eine positiv formulierte Angst. Die Worte zwischen A und Z führen dich sozusagen aus der Angst heraus hin zu deinem Ziel, bzw. hin zu dem, was du möchtest. Nach meiner Auffassung und Erfahrung kannst du jede Angst in etwas Positives verwandeln, in etwas, vor dem du Respekt hast, indem du deine Angst in ein Ziel für dich formulierst (s. auch unter Angst).

Das Buch hätte keinen schöneren Bogen durch das Alphabet spannen können.

Ich bedanke mich ganz herzlich bei meinen ***Großeltern***, bei meinem ***Opa Heinz***, dass er immer so viel Geduld mit mir hatte und sich stets viel Zeit für mich genommen hat und ihm nie etwas zu viel war.

Ich danke meiner ***Oma Doris***, dass Sie immer Freude daran hatte, mir das, was ich mir gewünscht hatte, zu erfüllen.

Meiner ***Oma Malche*** danke ich für ihre Ruhe, die sie ausgestrahlt hat.

Meinem ***Opa Jakob*** danke ich für seine starke Persönlichkeit.

Ich danke meinem ***Papa*** für die Motorradausflüge und all die anderen tollen Ausflüge nach Spanien. Wahrscheinlich habe ich durch ihn auch gelernt, wie man netzwerkt und wie man Freundschaften pflegt.

Ich bin meiner ***Mama*** sehr dankbar, dass sie immer stolz auf mich ist und mir immer offen ihre Liebe zeigt.

Meinem besten Freund ***Felix***, der wie ein Bruder für mich ist, bin ich dankbar für sein blindes Vertrauen und dass er seinen eigenen Vorteil immer hintenanstellt. Er schaut als erstes danach, ob es mir gutgeht, bevor er schaut, was es für ihn bedeutet. Für mich ist er mein Anker im Leben. Nicht nur für mich war, ist und wird er immer da sein, sondern auch für meine Kinder. Ich bin ihm dankbar, dass er der Patenonkel meiner Tochter Mira ist und ich der Patenonkel seiner Tochter Leoni sein darf.

Hella, der Frau von Felix, bin ich dankbar für ihre positive, unterstützende und liebevolle Art, egal, ob es das Haus in Spanien oder Felix betrifft oder wenn ich einfach mal so etwas von ihr brauche. Sie ist stets extrem hilfsbereit.

Bei meinem Cousin ***Rolf*** bedanke ich mich, der oft wie eine Vaterfigur für mich war und ich mir bei ihm immer Ratschläge einholen konnte. Als ich mein erstes Büro eröffnet hatte, sagte er zu mir, dass mein alter Herr ganz schön stolz auf mich wäre, wenn er es sehen könnte. Das hat mir unendlich viel bedeutet. Er war sich nie zu schade zu helfen, beispielsweise bei etlichen Bootsreparaturen oder bei anderen Gelegenheiten.

Auch ***Ute***, der Frau meines Cousins Rolf, danke ich, dass ich immer genau weiß, woran ich bei ihr bin. Ich bin dankbar für ihre geradlinige Kommunikation.

Ich danke ***Dieter***, dem Vater meines besten Freundes Felix, dass er immer auf mich aufgepasst hat, was mein Papa nicht mehr konnte, und sei es mit Kleinigkeiten, beispielsweise dass ich einen Nierengurt beim Rollerfahren anziehen soll.

Auch ***Astrid***, der Frau von Dieter und Mama von Felix, danke ich, dass sie sich immer freut, wenn ich da bin und dass sie eine überaus große Herzlichkeit ausstrahlt.

Meinem Bruder ***Alex*** bin ich sehr dankbar, dass er offen war, die Beziehung zu mir wieder herzustellen und dass er da ist und hilft, wenn ich ihn brauche. Beispielsweise unterstützte er mich nach der Trennung von meiner Exfrau auf emotionaler Ebene, aber packte auch sonst kräftig mit an. Ich bin ihm dankbar, dass er der Patenonkel meiner Tochter Ella ist.

Auch seiner Frau ***Tamara*** danke ich, dass sie mir dabei half, die

Beziehung zu Alex wieder aufzubauen. Sie schaffte es auch, dass ich eine Beziehung zu ihrem Sohn Cayden aufbauen konnte und ich sein Patenonkel sein durfte. Sie sagte nach der Trennung zu mir, dass eine Frau ganz schön glücklich sein kann, wenn sie mich als Mann hat. Das hat mir viel Selbstwertgefühl gegeben. Dafür bin ich ihr extrem dankbar.

Meinem Neffen und Patenkind ***Cayden*** bin ich dankbar für die lustigen Aktionen, z. B. für das Basilikum anbrennen. Zu sehen, wie er nun zum Mann wird, der regelmäßig ins Fitnessstudio geht, Motorrad fahren genießt und ein Praktikum bei uns im Unternehmen gemacht hat, macht mich sehr stolz.

Meinem Onkel ***Hans-Jürgen*** und ***Leni*** bin ich dankbar, dass sie nach den Todesfällen für uns da waren, auch in der Zeit, in der es meine Mutter extrem schwer hatte und es ihr nicht gutging.

Hier auch ein großes Dankeschön an meinen Cousin ***Andi*** und seine Frau ***Steffi*** und Tochter ***Jana*** für die schönen Geburtstagsfeiern bei ihnen im Keller. Danke an Andi für die lustigen Aktionen, wie z. B., dass er uns damals in der E-Jugend trainiert hat oder dass wir bei der WM 2006 eine Menge Spaß hatten.

Meiner Tante ***Christa*** bin ich dankbar, dass ich immer zu ihr gehen kann, sie mir immer Ratschläge gibt, mir zuhört und auf mich eingeht und ich von ihrer Erfahrung profitieren kann.

Meinem Freund ***Andi*** bin ich dankbar für die Gespräche nach der Trennung und dass ich mich immer auf ihn verlassen kann und er immer da ist, wenn ich ihn brauche.

Meiner Exfrau ***Tina*** bin ich dankbar, dass sie meinen beiden Töchtern eine gute Mutter ist.

Meinem Coach ***Alex Roth*** bin ich dankbar, dass er mir die richtigen Fragen gestellt hat und die richtigen Türen gezeigt hat, durch die ich gegangen bin. Er hat mir gezeigt, wie ich mich von einem Menschen, der total verkopft war und ein halbes Jahr lang Kopfschmerzen hatte, zu jemandem verwandeln konnte, der ein entspanntes und glückliches Leben führt. Ohne Alex hätte ich das nicht geschafft.

Meinem Mentor ***Marcel*** bin ich dankbar, dass er mich ans Unternehmertum hat glauben lassen und mir immer Stärke und Kraft gegeben hat, wenn ich am Boden war.

Meiner Assistentin ***Sabine*** danke ich, dass sie stets an alles denkt und sowohl mein berufliches als auch mein privates Leben leicht macht. Für ihre Unterstützung bin ich ihr unendlich dankbar.

Danke auch an ***Karen***, die mich vor Sabine mit aller Kraft unterstützt hat.

Ein großes Dankeschön auch an den ***Innendienst von Königswege***. Ohne die Arbeit der Leute bei uns im Backoffice wäre der Erfolg von Königswege und damit auch der Erfolg von jedem einzelnen Vertriebspartner inklusive mir nicht möglich.

Meinen ***direkten und indirekten Partnern*** bin ich allgemein dankbar für ihr Vertrauen und dass sie in ganz vielen Punkten zu Mentoren von mir geworden sind.

Markus bin ich dankbar, dass er sich mir sehr früh hauptberuflich anvertraut hat und damit einen Stein von ganz vielen anderen Hauptberuflichkeiten ins Rollen gebracht hat.

Meinem Partner ***Steffen H.*** bin ich dankbar, dass ich mich total in ihm wiederfinde, denn wir sind von der Persönlichkeitsstruktur und den Motiven sehr ähnlich. Wir verstehen uns mit wenigen Worten. Auch bin ich ihm dankbar, dass er mir damals bei meiner Trennung so viel geholfen hat, z. B. hat er mich dabei unterstützt, wieder ins Fitnessstudio zu gehen. Dankbar bin ich auch, dass er, obwohl ich mich ihm in meinen Schwächen geöffnet habe, dadurch sogar noch mehr Respekt vor mir gewonnen hat.

Steffens Partnern ***Jannis*** und ***Philipp*** bin ich dankbar, dass sie die Ersten beim Handball waren, die das Vertrauen hatten, Vollgas mit uns zu geben und dass wir eine verrückte und lustige Zeit miteinander verbringen können.

Christian D. bin ich dafür dankbar, dass er mir gezeigt hat, was finanzielle Freiheit bedeutet, dass es nicht darauf ankommt, welche materialistischen Werte man geschaffen hat, sondern wieviel Zeit man mit seinen lieben Menschen verbringt und wie konsequent er es auch schon lebt. Dafür bin ich ihm sehr dankbar.

Alex G., einer der Menschen, mit denen ich am längsten zusammenarbeite, danke ich, dass er immer entspannt, sympathisch, nett, höflich und freundlich ist. Es macht einfach Spaß, mit ihm zusammenzuarbeiten.

Meinem Partner ***Ben*** danke ich, dass er vor allem nach der Trennung geholfen hat, mein Selbstwertgefühl wiederzufinden und die Beziehungsebene zu meiner Mum zu heilen, die von Vorwürfen meinerseits geprägt war.

Rikmer bin ich dankbar dafür, dass er bereit ist, neue Wege zu gehen, auch wenn man ihm andere Ratschläge gibt und dass er seinen eigenen Kopf durchsetzt. Wenn er überzeugt ist, dass es das Richtige für ihn ist, hat ihn das an der einen oder anderen Stelle schon deutlich weitergebracht. Ich liebe es zu sehen, wie engagiert er Dinge ausprobiert und anpackt. Dafür bin ich ihm unendlich dankbar.

Jan bin ich dankbar, dass er auf Distanz der Erste war, der das Projekt von weiter Ferne aus vorangebracht hat und dort seinen Leuten vor Ort das Vertrauen gegeben hat und dass er mir auch immer wieder Hilfen und Ratschläge bei den Themen Ernährung und Fitness gibt.

Meinem Partner ***Steffen J.*** bin ich dankbar, dass er mir gezeigt hat, dass Controlling auch einen großen Vorteil hat. Gerade in den ersten Jahren war er einer der Wenigen, die wirklich den gleichen Ehrgeiz und das gleiche Engagement in die Sache gesteckt haben, um das Unternehmen aufzubauen, wie ich. Ohne ihn als Sparringspartner hätte ich nicht ansatzweise so viel erreicht.

Marc F. danke ich, dass er sich trotz seiner tollen Perspektiven im Angestelltentum uns anvertraut hat und offen war.

Patrick H. danke ich für seine rationale Art, vertrieblich Dinge zu erklären, die ich absolut bewundere.

Bei ***Erik*** bedanke ich mich für seine leidenschaftliche, emotionale und offene Art, die unser Team extrem bereichert.

Ich bedanke mich bei ***Christian S.***, dass er als erster Banker zu uns gekommen ist und uns sein Vertrauen geschenkt hat.

Christian G. bewundere ich dafür, wie er es schafft, über Jahre hinweg seine alten Freundschaften mit einer unfassbaren Intensität zu pflegen.

Rahil und ***Arthur***, meinen neuen Partnern, bin ich dankbar, dass sie als erste Branchenkenner mit Team angefangen haben, mit mir zusammenzuarbeiten, mir ihr Vertrauen zu schenken und die Offenheit hatten, das Ganze auszuprobieren.

Meinem Freund ***Stefan***, dem Patenonkel meines Sohnes Toni und Geschäftsführer von Königswege, bin ich dankbar, dass er uneigennützig immer geholfen hat, dass er – auch wenn er nicht befördert werden konnte –, mir geholfen hat, dass ich meine Beförderung schaffe und dass es ihn teilweise mehr motiviert hat, mir zu helfen als seine egoistischen Ziele zu verfolgen. Ich bin glücklich, dass sich aus unserer Geschäftspartnerschaft eine tiefe Freundschaft entwickelt hat, in der wir uns blind vertrauen können.

Bei ***Natalie Dechant*** bedanke ich mich ganz herzlich, dass sie mir geholfen hat, mein Buch zu schreiben. Mir ist aufgefallen, dass ich mich beim Schreiben oft verzettelt hatte und ich meine Gedanken beim Sprechen oft besser formulieren konnte, als wenn ich sie niedergeschrieben habe. Natalie hat mir geholfen, das Ganze in diese Form zu bringen. Sie hat mich professionell begleitet, mich interviewt und mich in meinem Redefluss gelassen, so dass meine Emotionen auch rauskamen und sie sie dann kategorisiert, zusammengefasst und in eine Form gebracht hat. Ohne sie wäre es nicht möglich gewesen, meine emotionalen Gedanken in dieses Buch zu bringen.

Meiner Partnerin ***Svenja*** bin ich dankbar für ihre entspannte und ruhige Art, die mich immer wieder zur Ruhe bringt, wenn ich gestresst bin. Ich bin dankbar, dass ich durch sie erleben darf, wie man sich in der Partnerschaft als Team ergänzt. Ich bin ihr dankbar, wenn sie mich anschaut und ich einfach erkenne, wie sehr sie mich liebt und wie sehr sie mich wertschätzt. Ich bin ihr unendlich dankbar dafür, dass sie das nur mit einem Blick schafft und meine Fehler auffängt.

Svenjas Familie, ihren Eltern ***Petra*** und ***Dirk,*** ihrer Schwester ***Annika*** mit ihrem Freund ***Alex,*** ihrem Onkel ***Heinz*** und ihrer Tante ***Brigitte,*** ihrer Cousine ***Nadja*** und ihrem Cousin ***Christian*** mit seiner Freundin ***Maria*** und auch ihrer Oma ***Toni*** und ihrem Partner ***Rolf*** bin ich sehr dankbar, dass sie meine Familie, meine Kids, meine Mum und mich so herzlich in ihrer Familie empfangen haben und ich mich vom ersten Moment an als Teil der Familie gefühlt habe. Ich genieße es immer wieder, gemeinsam mit allen Zeit zu verbringen, sei es im Urlaub oder entspannt an Sonntagen. Es ist nicht selbstverständlich, zwei Mädels, die nicht zu ihrer eigenen Familie gehören und einen Partner, der schon zwei Kinder hat und auch die Mutter des neuen Partners, so aufzunehmen, als ob sie Teil der Familie sind.

Allgemein bedanke ich mich bei ***allen Menschen,*** die mir in meinem Leben geholfen und mich weitergebracht haben.

Zu guter Letzt bedanke ich mich bei meinen ***Kindern,*** denn meine Kinder sind es, die mich stark machen, denn sie sorgen dafür, dass ich die beste Version meiner selbst bin. Sie sind der Sinn meines Lebens und ich bin dankbar für die Liebe, die ich ihnen geben darf und die Liebe, die ich von ihnen bekomme. Danke, dass es euch gibt. Ich liebe euch!

So kannst du mit mir in Kontakt treten

Marc Schäffner GmbH
Marc Schäffner
Carl-Benz-Str. 2
69190 Walldorf
E-Mail: marc.schaeffner@koenigswege.com
Web: www.koenigswege.com
Telefon: +49 176 78135160

Printed in Poland
by Amazon Fulfillment
Poland Sp. z o.o., Wrocław

53665317R00111